ET DIEU DIT :
« QUE DARWIN SOIT ! »

STEPHEN JAY GOULD

ET DIEU DIT :
« QUE DARWIN SOIT ! »

Science et religion,
enfin la paix ?

TRADUIT DE L'AMÉRICAIN
PAR JEAN-BAPTISTE GRASSET

PRÉFACE DE
DOMINIQUE LECOURT

ÉDITIONS DU SEUIL
27, rue Jacob, Paris VI

Titre original : *Rocks of Ages. Science and Religion*
in the Fullness of Life
Éditeur original : Ballantine Books, New York
© 1999, Stephen Jay Gould
ISBN original : 0-345-43009-3

ISBN 2-02-038198-2

© Éditions du Seuil, mai 2000,
pour la traduction française et la préface

À Jesse et Ethan,
qui devront tenir bon hors de la sollicitude
paternelle et qui certainement contribueront à
améliorer notre monde, duquel dit si justement
John Playfair, grand scientifique et écrivain, à
la fin de ses Outlines of Natural Philosophy
(1814) :

Il ne serait pas sage d'être optimiste,
Ni philosophique de désespérer.

Préface

Le 23 août 1999, Stephen Jay Gould prend sa plume la plus sarcastique pour dénoncer dans *Time* une décision prise quelques jours auparavant par les autorités scolaires de l'État du Kansas : « *Dorothy, it's really Oz* », s'exclame-t-il. Tout citoyen américain sait depuis son enfance que Dorothée, l'héroïne du fameux roman de L. Franck Baum, *Le Magicien d'Oz*, publié en 1900, est originaire de cet État ; c'est donc à elle que fait mine de s'adresser le célèbre paléontologue. Cela ne fait aucun doute, ironise-t-il, c'est bien le Kansas lui-même que décrivait le romancier sous les traits du royaume d'Oz : un pays fantastique, coupé de la civilisation, et apparemment soumis aux caprices de quelque puissant magicien plutôt qu'aux prosaïques lois de la nature établies par la science. De fait, les membres du School Board of Education – quelque chose comme notre Conseil des programmes – y ont voté le mercredi 11 août, par six voix contre deux, un étrange texte fixant pour l'enseignement scientifique de nouveaux « standards », applicables au printemps 2001 !

Ce texte retire, en biologie, la théorie de l'évolution – ou, selon la terminologie adoptée, de la « macro-évolution » – de la liste des sujets obligatoires faisant l'objet d'un enseignement dans les *public schools*. On ne conservera que la « micro-évolution », c'est-à-dire les transformations à l'intérieur d'une même espèce dans le sens d'une meilleure adaptation. L'essentiel de la théorie darwinienne, selon laquelle une espèce serait issue d'une autre par voie de sélection naturelle, ne devra plus être considéré comme un cadre théorique général unifiant les sciences du vivant ; la thèse, en particulier, selon laquelle l'homme descendrait de quelque espèce de singes n'a plus droit de cité dans les nouveaux programmes.

Une telle décision, écrit Gould, représente plus qu'un affront fait à Darwin ; il s'agit en réalité d'une prise de position « pro-créationniste » dissimulée. Telle avait été au demeurant l'interprétation donnée dès le vendredi 13 août par l'ACLU (American Civil Liberties Union), la puissante organisation de défense des droits civiques, qui dénonçait l'intrusion de critères religieux dans la programmation de l'enseignement scientifique. Le retrait simultané de la théorie du big bang des programmes de physique n'allait-il pas dans le même sens ? Deux autres organisations (People for American Way et American United for the Separation of Church and States) avaient réagi dans le même sens et menacé, à leur tour, l'État du Kansas de poursuites judiciaires si des standards d'inspiration religieuse étaient effectivement appliqués.

Les uns et les autres se référaient, comme le fait Stephen Jay Gould lui-même, à une décision de la Cour suprême, qui, en 1987, avait interdit l'enseignement du créationnisme dans les *public schools*. Cette décision avait mis un terme – longtemps différé – à une offensive engagée par les organisations fondamentalistes protestantes au début des années quatre-vingt sous l'étrange bannière de la « science de la Création ». Cette offensive avait abouti à ce que soient adoptées dans une douzaine d'États américains des lois qui prévoyaient un « traitement équilibré » *(balanced treatment)* des théories concernant l'origine des êtres vivants. Le corps enseignant s'était ainsi vu enjoint d'enseigner comme deux hypothèses d'une valeur scientifique équivalente le récit biblique de la Genèse et la théorie de l'évolution. Des lois semblables avaient été votées dans des États aussi différents que l'Iowa, la Floride, New York, Washington ou la Louisiane.

Le procès puissamment médiatisé qui s'était tenu à Little Rock (Arkansas) du 7 au 17 décembre 1981 avait constitué le moment le plus instructif de cet épisode. On y avait vu le juge du district fédéral, William R. Overton, faire comparaître des biologistes, des physiciens, des épistémologues, aussi bien que des théologiens et des politologues de renom, afin d'établir minutieusement que le créationnisme ne saurait, en aucun cas, être tenu pour une hypothèse scientifique mais devait être regardé comme une doctrine religieuse. Il fallait donc bannir des écoles son enseignement, contraire au premier amendement de la Constitution des États-Unis, lequel interdit de promulguer une loi ayant pour fin d'accorder une reconnaissance institutionnelle à une quelconque religion.

Dans le très remarquable texte de sa décision, rendue publique le 5 janvier 1982[1], le juge écrivait que la loi qui prônait le « traitement équilibré » *(balanced treatment)* de la Création et de l'évolution « constituait purement et simplement une tentative d'introduire la version biblique de la Création dans les programmes scolaires de l'enseignement public ». Stephen Jay Gould s'était lui-même porté aux avant-postes pour dénoncer la régression dont de telles lois menaçaient à terme la recherche en biologie aux États-Unis. Il s'alarmait de ce que cette menace se manifestât au moment même où les sciences du vivant connaissaient une expansion sans précédent, ainsi que des applications de plus en plus efficaces.

Cet épisode avait été, pour la communauté scientifique abasourdie et exaspérée, l'occasion de mesurer la puissance persistante d'un mouvement organisé par des associations de parents d'élèves politiquement liées à la *Moral*

---

1. J'ai reproduit ce texte dans son intégralité en appendice à *L'Amérique entre la Bible et Darwin* (rééd. Paris, PUF, coll. « Quadrige », 1998).

Majority reaganienne, qui entendaient en définitive faire triompher dans les écoles la vérité littérale de la Bible telle qu'elle était affirmée par les fondamentalistes protestants. Une telle position n'était assurément pas partagée par l'ensemble des autorités religieuses qui se réfèrent au texte biblique ; elle était loin même de faire l'unanimité parmi différentes Églises protestantes – la plupart adoptent, en des sens divers, une interprétation symbolique ou allégorique des textes, garantie ou non par un magistère. Au cours du procès de Little Rock, on avait ainsi vu les représentants des communautés juives et catholiques, mais aussi des méthodistes, faire cause commune avec les biologistes pour s'opposer à ce type de législation.

Le malaise des biologistes avait été d'autant plus profond que leur était revenu en mémoire l'épisode d'un autre procès, le fameux « procès du singe », qui avait vu en 1925 un jeune enseignant, le valeureux Thomas Scopes, couvert par l'ACLU, se faire délibérément inculper dans le Tennessee pour avoir enfreint une loi qui y interdisait purement et simplement, depuis l'année précédente, l'enseignement de l'évolution dans les *public schools*. Cette loi avait été adoptée à l'issue d'une campagne très bien organisée, selon un modèle qui avait été ou allait être imité en Alabama, au Texas, en Caroline du Nord...

Ce procès avait parfois pris l'allure d'un véritable *show*. Il s'était ouvert à Dayton dans une atmosphère de kermesse et avait vu s'affronter deux personnages symboles de la politique américaine de ce temps : le libre-penseur Clarence Darrow, plaidant en faveur de Scopes, et William J. Bryan, trois fois candidat démocrate à la Maison-Blanche, grand pourfendeur du darwinisme, expert en lectures bibliques, désigné par l'État du Tennessee pour assurer le rôle de procureur.

À l'issue de cet affrontement, l'Amérique moderne et progressiste avait cru l'avoir emporté grâce à la fougue de Darrow, qui avait su mettre les rieurs de son côté... On avait même répandu la légende selon laquelle Bryan était mort terrassé par son adversaire en pleine audience alors qu'il avait en réalité succombé à une crise cardiaque quelques jours après le verdict. On en avait oublié que Scopes avait néanmoins été condamné – de surcroît à une amende dont la modicité (cent dollars) ne lui avait pas permis de faire appel, ce qui retarda le moment où la Cour suprême eut en dernière instance à se prononcer (sur la loi adoptée en Louisiane).

On découvrait en 1981 que, loin d'avoir subi une défaite définitive, le mouvement anti-évolutionniste avait poursuivi son œuvre en silence pendant plus d'un demi-siècle. Il n'était pas resté confiné dans le Sud agricole traditionaliste, mais avait gagné des adeptes jusque dans les États du Nord les plus modernes, touchant les couches diplômées de la population.

La tonalité du présent ouvrage et son mode d'argumentation ne s'expliquent qu'au regard de cette succession d'affrontements. Stephen Jay Gould l'a écrit et publié avant le dernier épisode (la décision du Kansas) ; il entend tirer les leçons des deux précédents (le « procès du singe » et celui de Little Rock). Le principe de non-empiètement (NOMA : *Non-Overlapping Magisteria*) qu'il prône pour ce qui est des relations entre science et religion vise, au premier chef, à faire accepter un cessez-le-feu sur le front de la biologie. Il demande que chacun exerce ses compétences dans son domaine propre.

L'actualité de ce principe ne fait aujourd'hui aucun doute. Comme en son temps Ronald Reagan, le gouverneur Bush junior, le candidat républicain à la présidence des États-Unis, s'est en effet déclaré, début novembre 1999, favorable à ce qu'on enseigne « différentes manières d'expliquer la formation du monde » *(« different forms of how the world was formed »)*. Revenant à une position plus radicale que celle des autorités du Kansas, il propose, s'il

11

est élu – ou pour être élu ? – en l'an 2000, qu'on enseigne désormais le récit de la Genèse en même temps que (« *along with* ») la théorie de l'évolution. Et il justifie cette position par le souci que l'éducation dans les *public schools* ait un fondement moral (« *a morality-based education* »).

Cette véritable tragi-comédie qui aura empoisonné l'histoire intellectuelle des États-Unis tout au long du XXe siècle révèle les rapports singuliers qui se sont noués dans ce pays entre science, religion et politique.

La première singularité américaine tient aux rapports qu'y ont établis certains théologiens puritains entre science et religion. Le drame commença en vérité à se jouer dès la fin du XVIIIe siècle, lorsque les évangélistes se firent gloire en théologie d'une véritable orthodoxie selon laquelle leur démarche pouvait être qualifiée de « scientifique ». À tort ou à raison, ils ne manquèrent jamais de citer Francis Bacon (1561-1626) pour défendre leur version originale de la théologie naturelle, selon laquelle la Bible contiendrait, comme la nature, des « faits » qui devraient être étudiés par la méthode inductive et qui, selon eux, constitueraient autant de « preuves » (« *evidences* ») des idées fondamentales du christianisme.

Ce véritable positivisme théologique, qui équivaut à faire du texte biblique un compte rendu d'observations, s'est ainsi trouvé, depuis longtemps, appelé à soutenir une déconcertante théologie scientiste qui n'a pas son équivalent en Europe. Lorsque les partisans de la « science de la Création » attaquent aujourd'hui la théorie de l'évolution à grand renfort de pseudo-références épistémologiques et avancent que l'évolution n'est pas un fait mais une théorie, leur argumentation plonge dans ce passé. Lorsque les mêmes financent des projets de recherche visant à retrouver les restes de l'arche de Noé, ils se montrent cohérents avec leurs propres prémisses qui posent la vérité littérale (*inerrancy*) du texte sacré.

Deuxième singularité : le rapport qui s'est institué aux États-Unis entre politique et religion. Clarence Darrow n'était pas mal avisé de faire remarquer au tribunal, lors du procès de Scopes, que les dés étaient pipés puisque, à l'ouverture de toute audience, on lisait un texte de la Bible. Provoquant un immense scandale, il révélait ainsi l'existence, derrière la Constitution des États-Unis, d'une véritable Constitution non écrite motivant le culte dont la première était l'objet. Il montrait que, soutenant la démocratie, enfoui dans les mémoires, travaillait sourdement un rêve de théocratie ou, à tout le moins, de « biblocratie ». Faut-il rappeler ici que le président des États-Unis prête serment sur la Bible ? Et que Dieu est appelé à garantir la valeur du billet vert *(« In God we trust »)* ?

L'argumentation des fondamentalistes trouve dans cette référence biblique ses ressorts essentiels. Elle se résume ainsi : la Bible est un recueil de faits composé sous la dictée de la plus fiable des autorités, Dieu. Parmi ces faits figure la création de chaque être séparément selon son espèce. La théorie darwinienne de l'évolution contredit ces faits. Les biologistes et les épistémologues avouent eux-mêmes qu'il ne s'agit que d'une théorie. Pourquoi donc l'enseigner dans les écoles, et l'enseigner seule ? D'autant que, en faisant de l'homme le descendant d'un être inférieur, cette théorie dénoue le lien privilégié qui existe, d'après la Bible, entre l'homme et son Créateur. Elle porte ainsi atteinte à la dignité de l'homme, qu'elle ravale au rang d'animal ; elle est « obscène » parce qu'elle l'aligne sur le singe, animal lubrique. Non seulement elle ruine le fondement des valeurs qui se trouvent au principe de la Constitution des États-Unis, mais elle bafoue les plus sacrées de celles qui fondent la famille américaine.

Mais c'est sans doute par un autre de ses aspects que cette histoire si singulière justifie l'ampleur des analyses ici proposées par Gould. La question posée dépasse en effet de beaucoup le cas d'une bizarrerie américaine.

Si la propagande fondamentaliste a pour objectif de rallier le plus grand nombre à une pratique puritaine exaltée de la religion, elle a toujours trouvé dans la propension au dogmatisme scientiste dont ont fait preuve certains partisans du darwinisme une justification de choix. On ne saurait oublier que la campagne des « créationnistes scientifiques » du début des années quatre-vingt se présentait elle-même comme une contre-offensive face à l'essor de la « sociobiologie » d'Edward O. Wilson, dont l'ouvrage majeur, *Sociobiology : The New Synthesis*, fut présenté en 1975 par le *New York Times* aussi bien que par le *Chicago Tribune* comme l'événement scientifique de l'année. Et ce qui attirait l'attention dans cette œuvre, ce n'était point le contenu de ses études – passionnantes et rigoureuses – sur les sociétés animales, mais les extrapolations qu'elle présentait pour finir à propos des bases naturelles (génétiques) du comportement humain.

C'est en 1976 que paraît le livre de Richard Dawkins, *Le Gène égoïste (The Selfish Gene)*, qui avance l'idée que l'avantage reproductif de l'individu serait le principal ressort du comportement social chez l'homme comme dans l'ensemble du règne animal. Les fondamentalistes ont eu beau jeu de dénoncer dans ces extrapolations la vérité morale de la théorie de l'évolution, qui relèverait du cynisme libéral le plus brutal, contraire à la charité chrétienne.

Un scénario du même type s'était déjà présenté au cours des années vingt, avant le « procès du singe », lorsque s'étaient regroupées autour du drapeau de l'évolution toutes les forces de l'Amérique yankee : théologiens libéraux, universitaires positivistes, hommes d'affaires « matérialistes » voués au culte du profit. Et c'est cette croisade qui avait suscité la réaction créationniste.

Le hasard aura voulu que le 19 août 1999, alors même

que se développait la polémique autour de la décision du Kansas, soit publié dans la revue *Nature* le compte rendu d'un travail réalisé par une équipe de chercheurs américains à Atlanta sur la détermination génétique du comportement social du campagnol[1]. Cet article très technique, qui ne concernait que cette espèce de rongeurs, a néanmoins immédiatement donné lieu à une exploitation dans la presse annonçant la découverte du « gène de la fidélité ». L'extrapolation à l'homme était, semble-t-il, inévitable ; elle fut souvent explicite. Il ne se passe, à vrai dire, guère de semaine sans que ne soit annoncée, par extrapolation du même type, la mise en rapport d'un gène et d'un comportement, même si les chercheurs soulignent régulièrement que la complexité des processus leur échappe.

Stephen Jay Gould, en proposant son principe, n'adopte nullement une position de retrait par rapport à ses engagements constants. Il ne plaide pas pour une position de neutralité. Il se bat sur un double front : contre les prétentions scientifiques inacceptables de certains théologiens américains et contre les extrapolations scientistes arrogantes de certains biologistes.

La position de combat nous invite à poser la question des questions, qu'elle laisse ouverte : la science (moderne) et les religions du Livre ne se sont-elles pas durablement fourvoyées à vouloir se présenter, l'une et l'autre, comme deux « tableaux du monde », inévitablement concurrents ?

La science ne légifère que sur la part du réel qui se trouve accessible à ses concepts, même si – par rectifications et coordinations successives – cette part s'accroît sans cesse ; la religion, quant à elle, représente une tout autre forme de pensée : une pensée d'adhésion à des vérités préétablies susceptible d'aider les êtres humains à maîtriser leurs angoisses irréductibles qui concernent, pour

---

1. Tom Intel et Larry Young, *Nature*, 19 août 1999.

15

chacun, aussi bien le mystère de sa propre mort que celui de son origine et de son identité.

Distinguer fermement ces deux formes de pensée : telle paraît être la première condition pour qu'elles se déploient l'une et l'autre le plus librement. Mais doit-on pour autant renoncer à affirmer l'unité de la pensée humaine ? La philosophie n'est-elle pas susceptible ici de jouer pleinement son rôle ? Forme transactive de la pensée, elle peut inciter la pensée scientifique à maîtriser son allure tout en se réassurant à chaque pas de son sens et inviter la pensée religieuse à réinscrire les motifs et les modalités de l'adhésion qu'elle requiert dans l'effort que fait l'être humain pour accroître ses capacités d'agir et de penser.

Le livre de Stephen Jay Gould offre, en tout cas, au lecteur tous les arguments qui lui permettront de se libérer de l'illusion majeure du rationalisme naïf. Il ne suffit pas de faire paraître la vérité scientifique en personne pour que reculent les croyances religieuses. Dans le cas présent, la publication en 1984 par la National Academy of Sciences d'un document qui, sous le titre de *Science and Creationism*, faisait très clairement le point sur les connaissances positives concernant les questions d'origine (de la vie, de l'homme…) a sans doute été utile pour la pédagogie de nombreux enseignants américains. Ce texte n'a cependant pas fait reculer le créationnisme d'un pouce : son argumentation ne permet pas en effet aux fidèles ou aux adeptes de s'interroger sur leur adhésion aux dogmes. C'est au mouvement dialectique d'une telle interrogation que nous invite le présent ouvrage.

Dominique Lecourt

Préambule

Ce petit livre entend présenter une solution, divinement simple et tout à fait classique, à un problème si chargé d'émotion et d'histoire qu'on ne parvient généralement à l'aborder qu'à travers un foisonnement de controverses et d'imbroglios. Je veux parler du prétendu conflit entre science et religion, lequel n'existe que dans l'esprit des gens et dans les pratiques sociales, nullement dans la logique ou la visée propre de ces deux domaines entièrement différents, et aussi essentiels l'un que l'autre. Je n'apporte rien d'original dans l'énoncé de la thèse générale (mais peut-être un peu dans son illustration) ; en effet, mon point de vue est conforme à un consensus largement établi, depuis des décennies, parmi les penseurs tant scientifiques que religieux.

Notre penchant à la synthèse et à l'unification nous empêche souvent de reconnaître que bien des problèmes cruciaux, dans la complexité de l'existence, se résolvent mieux par la stratégie inverse, celle d'une séparation dans le respect et la rigueur. Toute personne de bonne volonté souhaite que règne la paix entre la science et la religion, qu'ensemble elles contribuent à enrichir notre existence tant pratique qu'éthique. Mais de ce louable principe on déduit souvent, bien à tort, que leur collaboration implique une méthodologie et une teneur communes – en d'autres termes, qu'il se trouvera toujours quelque grandiose structure intellectuelle pour unifier science et religion, soit en insufflant à la Nature une dose appréciable de divin, soit

17

en armant la logique religieuse d'une force irrésistible qui à la fin rendrait l'athéisme impossible. Or, de même que l'organisme a besoin pour subsister à la fois de nourriture et de sommeil, aucune totalité ne peut se dispenser des apports variés de parties indépendantes. Il nous faut vivre la plénitude de l'existence en de nombreuses demeures, dans un voisinage qui devrait ravir tous les modernes partisans de la diversité.

Je ne vois pas comment l'on pourrait unifier ou seulement synthétiser science et religion en un projet commun d'explication ou d'analyse ; mais je ne comprends pas non plus pourquoi ces deux entreprises devraient se trouver en conflit. La science s'efforce de rendre compte des faits du monde naturel et de construire des théories pour les relier et les expliquer. La religion, quant à elle, s'occupe d'un domaine non moins important mais totalement différent, celui de nos buts, options et valeurs – questions que le point de vue scientifique peut sans doute éclairer, mais en aucun cas résoudre. En particulier, s'il est certain que les scientifiques doivent respecter des principes éthiques, dont certains liés à leur domaine particulier, la validité de ces principes ne saurait être déduite de leurs découvertes factuelles.

Je propose de résumer ce principe majeur de respect mutuel sans interférence – qui n'exclut pas un intensif dialogue entre les deux secteurs, chacun s'occupant d'une facette essentielle de l'existence humaine – en énonçant le principe de NOMA, NOn-empiètement des MAgistères. J'espère que mes collègues catholiques ne m'en voudront pas de faire mien ce terme tiré de leur discours[1], puisqu'un magistère (du latin *magister*, c'est-à-dire « enseignant ») n'est pas autre chose qu'un domaine de compétence.

Le mot « magistère » est certes un peu inusité, mais je le

---

1. Ainsi trouve-t-on répétée l'expression « magistère de l'Église » dans l'encyclique de Pie XII, *Humani Generis* (1950), citée un peu plus loin (*NdT*).

trouve si joliment approprié au dessein de ce livre que je me risque à infliger cette nouveauté au vocabulaire de nombre de lecteurs. Cette requête d'indulgence et de sacrifice se double d'une exigence : veuillez bien ne pas inclure le terme « magistère » dans une série presque homonyme, à la signification toute différente. « Majesté », « majestueux », etc., ont une tout autre connotation ; la confusion est fréquente, du fait que le catholicisme est également fort diligent en ce domaine. Ces mots ont une autre origine : *majestas* (mot lui-même dérivé de *magnus*[1], c'est-à-dire « grand »), qui implique domination et obéissance inconditionnelle. Bien différemment, un magistère est un domaine où une certaine forme d'enseignement détient les outils appropriés pour tenir un discours valable et apporter des solutions. Autrement dit, dans le cadre d'un magistère, on débat, on dialogue, tandis que face à la majesté s'imposent la révérence silencieuse et la soumission.

Pour résumer, quitte à me répéter un peu, la nasse de la science, son magistère, concerne le domaine empirique : en quoi consiste l'Univers (les faits) et pourquoi il fonctionne ainsi (la théorie). Le magistère de la religion s'attache, lui, aux significations ultimes et aux valeurs morales. Ces deux magistères n'empiètent pas l'un sur l'autre. Par ailleurs, ils ne recouvrent pas toutes les sortes de recherche – que l'on songe notamment au magistère de l'art, au sens de la beauté. Pour reprendre des lieux communs, la science s'intéresse à l'âge des rocs, la religion au roc des âges[2] ; la science étudie comment fonctionne le ciel, la religion comment faire pour le gagner.

---

1. *Magis* et *magnus* dérivent tous deux d'une racine indo-européenne **meg*, qui donne aussi la base grecque *mega (NdT)*.

2. Un hymne protestant fondamentaliste parmi les plus connus comporte cette expression : *Rock of ages cleft for me. Let me hide myself in Thee* (« Le roc des âges s'est ouvert pour moi. Laisse-moi m'enfouir en Toi »). L'opposition ici rapportée, due à William Jennings Bryan (cf. *infra*), est devenue un lieu commun aux États-Unis *(NdT)*.

J'entends examiner le concept de NOMA en tant que solution au faux conflit entre science et religion en quatre parties. La première sera une introduction composée de deux histoires, chacune fondée sur une opposition ; la deuxième exposera et illustrera le principe de NOMA tel que le présentent et le soutiennent les institutions tant scientifiques que religieuses ; la troisième esquissera les raisons historiques d'un conflit qui n'aurait jamais dû surgir ; la quatrième, enfin, proposera un condensé des motifs psychologiques de ce même conflit, pour terminer sur une suggestion de meilleure interaction.

Je déplore la tendance actuelle à la confession littéraire, engendrée par l'amalgame, dans notre culture, entre deux notions radicalement différentes : la célébrité et la stature individuelle. Cependant, des thèmes intellectuels nous impliquant autant que celui-ci me semblent imposer à l'auteur un certain devoir de confidence – du reste, l'essai en tant que genre littéraire s'est défini, depuis que Montaigne a créé ce sens du terme au XVIe siècle, comme la discussion d'idées générales dans un contexte personnel. On me pardonnera donc de dessiner rapidement une perspective liée à la contingence de mon propre développement.

J'ai grandi dans un cadre qui me paraissait totalement conventionnel et dépourvu d'intérêt – dans une famille juive de New York qui avait suivi un schéma classique d'ascension sociale : mes grands-parents, immigrants, avaient commencé par travailler en atelier, mes parents étaient devenus de tout petits-bourgeois, sans véritable éducation, et la troisième génération, la mienne, avait été dirigée vers les études et les professions libérales pour accomplir une destinée ajournée.

Je me souviens de n'en avoir pas cru mes oreilles le jour où l'épouse d'un collègue anglais « bon teint » jugea cette ascendance d'un exotisme fascinant. Je me rappelle également ment deux incidents fort révélateurs de l'esprit de clocher que le petit New-Yorkais que j'étais, apparemment instruit, conservait malgré tout. Tout d'abord, lorsque mon père m'apprit que le protestantisme était la religion la plus répandue aux États-Unis, je ne le crus pas ; en effet, dans mon entourage, pratiquement tout le monde était soit catholique, soit juif – telle était à New York la composition des couches laborieuses en ascension : Irlandais, Italiens, Européens de l'Est, c'était le seul univers que je connusse. Plus tard, lorsque mon seul ami protestant, originaire de Kansas City, me présenta à ses grands-parents, je restai sceptique, parce qu'ils parlaient l'anglais sans accent et que ma notion de « grands-parents » n'englobait que des immigrés venus d'Europe.

J'avais toujours rêvé de devenir scientifique, de façon générale, et plus particulièrement paléontologue, en souvenir du jour où le squelette du tyrannosaure m'avait tant impressionné et effrayé, au musée d'Histoire naturelle de New York, alors que j'avais 5 ans. J'ai eu la chance immense d'atteindre ces objectifs et de trouver une très grande joie dans mon travail jusqu'au jour d'aujourd'hui, sans un instant de doute ni aucune longue période de lassitude.

J'ai bénéficié d'un formidable atout : le respect pour l'étude dont est imprégnée la culture juive, même dans les catégories sociales les moins fortunées. Mais je n'ai jamais reçu d'éducation religieuse en bonne et due forme – je n'ai pas même fait ma *bar-mitzvah* –, car mes parents s'étaient rebellés contre une tradition familiale jamais remise en cause avant eux. Selon mon point de vue actuel, leur rébellion était un peu excessive, mais sur ces questions les opinions ont coutume d'osciller d'une génération à l'autre ; espérons que le pendule puisse un jour s'arrêter à une sage position moyenne. Cependant, s'ils avaient abandonné toute théologie ou croyance religieuse, mes parents avaient conservé la fierté de leur héritage juif ct de l'histoire de leur peuple. La Shoah avait lourdement frappé leurs deux familles – cela ne m'affectait pas directement, car je n'avais connu aucune de ces victimes –, aussi la négation ou l'oubli ne leur étaient-ils aucunement permis.

Je ne suis pas croyant. Je suis agnostique, au sens excellent que donne à ce terme Thomas Henry Huxley, selon lequel pareil scepticisme tolérant est la seule position rationnelle car, de fait, on ne peut pas trancher. Il n'en reste pas moins que, dans ma propre émancipation vis-à-vis des positions de mes parents (et l'éducation que je reçus n'ayant rien dû aux sources de leur propre rébellion), je gardai un grand respect pour la religion. La question m'a toujours fasciné plus que toute autre – à l'exception cependant de la théorie de l'évolution, de la paléontologie et du base-ball. Cette fascination tient pour une bonne partie au stupéfiant paradoxe qui fait que les religions organisées, tout au long de l'histoire occidentale, ont donné lieu tantôt aux horreurs les plus immondes, tantôt aux manifestations les plus poignantes de bonté humaine et de prise de risques personnelle.

Le fléau, selon moi, est la trop fréquente liaison entre la religion et le pouvoir séculier. Le christianisme est comptable de bon nombre d'atrocités, sous forme d'inquisitions ou de massacres, mais c'est précisément dû au fait qu'il a détenu un tel pouvoir en tant qu'institution durant toute l'histoire occidentale. Quand les miens jouirent – un peu moins longtemps – d'une puissance comparable, à l'époque de l'Ancien Testament, ils commirent des monstruosités similaires, avec les mêmes justifications.

Je crois de tout cœur à un concordat respectueux, et même chaleureux, entre les deux magistères de la science et de la religion – en cela consiste le concept de NOMA. Il ne s'agit pas là d'une simple formule diplomatique, mais d'une position de principe fondée sur des raisons morales et intellectuelles. Ce concept fonctionne dans les deux sens : la religion ne peut plus dicter le contenu des conclusions factuelles relevant du magistère de la science et, inversement, les scientifiques ne peuvent plus prétendre à une perspicacité supérieure quant à la vérité morale en s'appuyant sur leur meilleure connaissance de la constitution empirique du monde. Cette humilité réciproque a d'importantes conséquences pratiques dans notre monde empli de passions si diverses. Nous avons tout intérêt à adhérer à ce principe et en savourer les fruits.

I

Énoncé du problème

Histoire des deux Thomas

Le disciple Thomas fait trois remarquables apparitions dans l'Évangile selon saint Jean, chaque fois pour énoncer un important principe moral ou théologique. Or ces trois épisodes s'articulent d'une curieuse façon, qui peut nous aider à comprendre la différence entre les pouvoirs et les procédures de la science et de la religion.

On rencontre d'abord Thomas au chapitre 11. Lazare est mort et Jésus veut retourner en Judée pour ramener son cher ami à la vie. Mais les disciples tentent de l'en dissuader : ils lui rappellent la violente hostilité, allant jusqu'à la lapidation, qu'a suscitée sa précédente visite. Jésus, comme à l'accoutumée, répond par une petite parabole obscure, puis conclut avec fermeté qu'il veut et qu'il doit aller vers Lazare. Alors Thomas s'avance pour tirer les disciples de cette impasse et leur redonner courage :

> Sur quoi Thomas, appelé Didyme, dit aux autres disciples : allons aussi, afin de mourir avec lui [1].

Le deuxième épisode se produit après celui de la Sainte Cène, où Jésus révèle qu'il va être trahi et, de ce fait, devra mourir physiquement. Au chapitre 14, il déclare :

---

1. Toutes les citations bibliques reprennent ici la traduction de Louis Segond (1910) [NdT].

Il y a plusieurs demeures dans la maison de mon Père : si cela n'était pas, je vous l'aurais dit. Je vais vous préparer une place.

Thomas, cette fois dérouté, lui demande :

Seigneur, nous ne savons où tu vas ; comment pouvons-nous en savoir le chemin ?

Et Jésus de répondre, dans un des passages les plus connus de la Bible :

Je suis le chemin, la vérité, et la vie. Nul ne vient au Père que par moi.

La légende rapporte que, après la mort de Jésus, Thomas vécut une vie courageuse, propageant l'Évangile jusqu'aux Indes. Les deux premiers épisodes cités témoignent aussi de ses admirables qualités de vaillance et d'honnêteté intellectuelle. Pourtant, il nous est surtout connu par sa troisième manifestation et par l'épithète négative que celle-ci lui valut – il devint Thomas l'Incrédule dans nos traditions. Au chapitre 20, Jésus ressuscité apparaît d'abord à Marie-Madeleine, puis à tous les disciples sauf Thomas, alors absent. S'ensuit le célèbre récit :

Thomas, appelé Didyme, l'un des douze, n'était pas avec eux lorsque Jésus vint.
Les autres disciples lui dirent donc : nous avons vu le Seigneur. Mais il leur dit : si je ne vois dans ses mains la marque des clous, et si je ne mets mon doigt dans la marque des clous, et si je ne mets ma main dans son côté, je ne croirai point.

Jésus revient une semaine plus tard pour conclure cette fable morale concernant un homme courageux et scrutateur, égaré par le doute mais ramené dans la bonne voie et pardonné après une leçon douce mais ferme, qui vaut pour nous tous :

> Jésus vint, les portes étant fermées, se présenta au milieu d'eux, et dit : la paix soit avec vous !
> Puis il dit à Thomas : avance ici ton doigt, et regarde mes mains ; avance aussi ta main, et mets-la dans mon côté ; et ne sois pas incrédule, mais crois.
> Thomas lui répondit : mon Seigneur et mon Dieu !

Ce dernier passage revêt une grande importance dans l'exégèse traditionnelle, comme la première occasion où l'un des disciples identifie Jésus comme Dieu. Les trinitariens font ressortir ces paroles de Thomas comme preuve de la triple nature de Dieu, à la fois Père, Fils et Saint-Esprit. Les unitariens sont contraints de chercher à contourner le passage, par exemple en alléguant que Thomas a seulement poussé un cri de stupéfaction, sans pour autant identifier Jésus comme Dieu. Toujours est-il que l'indulgente réprimande de Jésus renvoie au vif du sujet et serre de près la différence fondamentale entre foi et savoir :

> Jésus lui dit :
> Parce que tu m'as vu, tu as cru. Heureux ceux qui n'ont pas vu, et qui ont cru !

En d'autres termes, Thomas subit l'épreuve avec succès parce qu'il reconnaît les faits et se repent de ses réflexions sceptiques. Mais son doute est un signe de faiblesse, car la foi et la croyance auraient dû lui faire connaître le vrai. Le texte insiste sur cette faiblesse en soulignant qu'il demande à voir les *deux* sortes de stigmates (aux mains et sur le flanc) et qu'il lui faut se servir de *deux* sens (la vue et le toucher) pour apaiser ses doutes.

Mark Tansey, artiste contemporain qui se plaît à représenter les grandes leçons morales et philosophiques de l'histoire occidentale par des tableaux métaphoriques de style hyperréaliste, a magnifiquement illustré le caractère excessif du doute de Thomas. En 1986, Tansey peint un homme qui refuse d'accepter la dérive des continents, de manière générale, et plus particulièrement la réalité des tremblements de terre. Un séisme vient de disloquer une route de Californie et la colline adjacente, mais l'homme doute encore. Aussi ordonne-t-il à sa femme, qui est au volant, de placer leur voiture au-dessus de la ligne de faille tandis qu'il sortira et introduira sa main dans cet équivalent du flanc percé du Christ : la crevasse dans la chaussée. Tansey intitule ce tableau *Thomas l'Incrédule*.

La moralité de cette histoire renvoie à des principes essentiels quant au magistère de l'éthique et des valeurs. Examinons son argument fondamental et ses conséquences : chaque fois que la colère vous donne des envies de meurtre, votre respect du Sixième Commandement devient tout à fait fragile. En pareille situation, les convaincus sont plus solides et plus sûrs que ceux qui vacillent et sans cesse demandent des justifications. Heureux ceux qui n'ont pas ce besoin, et pourtant connaissent la voie de la justice et de la dignité. En ce sens, Thomas méritait une réprimande – et Jésus, par sa ferme douceur, apparaît comme un grand éducateur.

Par ailleurs, je n'imagine pas d'énoncé plus étranger aux normes de la science – et plus contraire à l'éthique de ce magistère – que cette célèbre admonestation : « Heureux ceux qui n'ont pas vu, et qui ont cru ! » Une attitude sceptique vis-à-vis des propositions fondées sur la seule autorité, doublée de l'exigence de preuves directes (surtout quant à des points de vue inhabituels), tel est le premier commandement de la procédure scientifique.

Pauvre Thomas l'Incrédule ! À l'instant décisif qui lui valut son surnom, il se comporta de façon admirable par rapport à un certain style d'examen – mais pas celui du magistère qu'il aurait fallu. Il adopta le principe fondamental de la science alors qu'il évoluait sous le magistère de la foi.

L'apôtre Thomas, donc, s'est trompé en défendant les normes de la science sous le magistère de la foi. Intéressons-nous maintenant à un autre Thomas, dont on considère généralement (mais à tort) qu'il a été tout aussi fautif en sens inverse – un homme dogmatique en matière religieuse, se répandant à mauvais escient dans le magistère de la science. Le révérend Thomas Burnet (1635-1715), peu connu aujourd'hui en dehors des milieux spécialisés, n'en écrivit pas moins un des livres les plus marquants de la fin du XVIIᵉ siècle : *Telluris theoria sacra*, c'est-à-dire *Théorie sacrée de la Terre*, ouvrage divisé en quatre sections : Noé et le Déluge ; le Paradis qui a précédé ; l'imminent « incendie du monde » ; enfin, « concernant les nouveaux cieux et la nouvelle terre », le Paradis retrouvé après cette conflagration. Ce livre non seulement se vendit énormément à sa parution, mais s'acquit une gloire durable pour avoir inspiré (pas entièrement, bien évidemment) deux des plus importantes et des plus profondes œuvres de l'histoire intellectuelle du XVIIIᵉ siècle : en 1725, la *Scienza nuova* de Giambattista Vico, fondement des études historiques de l'anthropologie culturelle, et, à partir de 1749, l'*Histoire naturelle* de Georges Buffon, présentation intégrale du monde naturel.

Or les scientifiques modernes rejettent Thomas Burnet, qu'ils considèrent soit comme un parfait cinglé, soit comme un esprit malfaisant qui aurait tenté de réimposer les dogmes incontestables du Livre aux voies nouvelles de la science vraie. Le premier classique de l'histoire de la géologie (*Founders of Geology*, d'Archibald Geikie, 1905) range le livre de Burnet parmi les « doctrines monstrueuses » ayant infecté la science de la fin du XVIIᵉ siècle. De même un récent manuel parle-t-il d'« une série d'idées extravagantes sur l'évolution de la Terre », cependant qu'un autre révoque la *Théorie sacrée* comme « bizarre phénomène de pseudo-science ».

Il est certain que Burnet ne procédait pas comme un scientifique moderne ; toutefois, il respectait scrupuleusement les normes fixées à son époque pour le magistère de la science. Burnet commençait certes par admettre que la Bible donnait un récit véridique de l'histoire de la Terre, mais il insistait très peu sur son exactitude littérale et perdit sa prestigieuse situation de confesseur privé du roi Guillaume III pour avoir adopté une interprétation allégorique du récit de la Création dans la Genèse – avançant que les six « jours » divins pouvaient représenter des périodes d'une durée indéterminée, pas nécessairement des intervalles effectifs de vingt-quatre heures, liés à la rotation de la Terre sur elle-même.

Burnet acceptait la narration biblique comme description approximative d'événements effectifs, mais il insistait avant tout sur un principe : l'histoire de la Terre ne saurait être considérée comme convenablement expliquée ni interprétée avant que tous les événements n'apparaissent comme conséquences nécessaires de lois naturelles invariables, œuvrant avec l'invariable régularité que venait de démontrer, concernant la gravité et d'autres phénomènes essentiels, son cher ami Isaac Newton. Curieusement, les traits les plus étranges du méticuleux exposé de Burnet viennent de son insistance sur la loi naturelle comme source et explication de tous les épisodes de l'histoire de la Terre – rude exigence face au caractère nettement cataclysmique de plusieurs passages de la Bible, avec notamment des déluges ou des incendies planétaires.

Ainsi Burnet commence-t-il par chercher la provenance de l'eau qui permit le Déluge auquel échappa Noé. (Du reste, sous-estimant largement la profondeur et l'étendue des océans, il estimait que ceux-ci n'auraient pu recouvrir les montagnes et écrivait : « Pas plus que je ne crois qu'un homme puisse se noyer dans sa propre salive, je ne suis disposé à croire que le monde ait pu être inondé par l'eau qu'il contient. ») Mais ensuite il rejette, comme étrangère au magistère qu'il a choisi – celui de l'explication « naturelle », c'est-à-dire scientifique –, la solution la plus simple et la plus courante à son époque : que Dieu eût trouvé l'eau manquante tout simplement par une création miraculeuse. En effet, le miracle, défini comme une suspension de la loi naturelle par décret divin, doit demeurer hors des limites de l'explication scientifique. Évoquant l'anecdote d'Alexandre et du nœud gordien – selon la légende, lorsque Alexandre le Grand conquit Gordion, capitale de la Phrygie, il y trouva un char renommé, arrimé à un pieu par un nœud d'une incroyable complexité : à celui qui saurait défaire le nœud reviendrait de conquérir toute l'Asie ; Alexandre, recourant à la force brute pour tourner les règles du jeu, leva son épée et trancha le nœud brutalement (certains voient là de la hardiesse ; pour ma part, j'y vois, et sans doute Burnet aussi, de l'anti-intellectualisme) –, Burnet refuse cette « manière facile », qui ruinerait toute tentative rationnelle. Il écrit :

> Ils disent, en bref, que le Dieu Tout-Puissant créa ces eaux à dessein, pour produire le Déluge, puis les anéantit quand le Déluge devait cesser ; telle est leur seule conception de toute l'affaire. Cela s'appelle trancher le nœud quand on ne sait le défaire.

Au contraire, Burnet forgea la théorie merveilleusement extravagante d'une Terre originelle parfaitement sphérique, dont la croûte régulière et compacte aurait recouvert une couche d'eau – la source naturelle du Déluge, en fin de compte. Cette croûte se dessécha et se fendilla progressivement ; une partie de l'eau monta par les fissures et forma des nuages ; de la pluie tomba et ferma les fissures ; la pression de la grande masse d'eau finit par faire éclater la croûte, provoquant le Déluge et créant l'actuelle topographie de la Terre. Extravagances, évidemment, mais qui ne relèvent que des lois naturelles et donc sont testables, susceptibles de réfutation sous le magistère de la science. De fait, les idées de Burnet, après examen, ont été jugées à la fois fausses et farfelues, et son nom a disparu du panthéon des héros scientifiques. Cependant, s'il avait préféré l'hypothèse conventionnelle et inopérante de la Création divine *ad hoc*, jamais il n'aurait inspiré Buffon, Vico et une foule d'autres savants.

Burnet partageait les vues de ce groupe remarquable d'Anglais de la fin du XVIIe siècle, tous fidèlement croyants, qui posèrent les bases de la science moderne – notamment Newton, Halley, Boyle, Hooke, Ray. Ces savants, jouant sur la langue anglaise, soutenaient que Dieu ne saurait admettre de contradiction entre Ses paroles (rapportées dans l'Écriture) et Ses œuvres (le monde naturel)[1]. Ce principe, par lui-même, n'apporte aucune justification à la science ; il pourrait même contredire ma thèse centrale sur les magistères distincts de la science et de la religion – en effet, si les œuvres (le monde naturel) doivent se conformer aux paroles (l'Écriture), la science ne s'en trouve-t-elle pas contaminée et assujettie par la religion, n'en devient-elle pas la servante ? On peut le soutenir ; cependant ce n'était pas ainsi que ces hommes voyaient les choses. (Devant une proposition ambiguë, il faut toujours examiner la nuance et la véritable fonction, au-delà de la première impression.) Pour eux, Dieu avait certes créé la Nature, en un commencement inaccessible à la science, mais Il avait également établi des lois invariantes pour régir l'Univers sans plus jamais d'interférence. Et Son omnipotence ne pouvait qu'observer ce principe de perfection : elle n'aurait su recourir à de fréquentes rectifications

---

1. *Words* et *works (NdT)*.

ultérieures, c'est-à-dire à des miracles particuliers, pour rectifier telle erreur ou imperfection imprévue – par exemple en créant un supplément d'eau quand les péchés des hommes appellent un châtiment.

La Nature fonctionne donc, dès lors, selon des lois invariables, accessibles à l'explication scientifique ; le monde naturel ne peut contredire l'Écriture (car Dieu, étant l'auteur de l'un et de l'autre, ne saurait parler contre Lui-même). De sorte que – voici le point crucial –, s'il semble apparaître une contradiction entre un résultat scientifique solidement établi et la lecture conventionnelle de l'Écriture, c'est l'exégèse qu'il convient de reconsidérer. En effet, le monde naturel ne ment pas, tandis que les mots peuvent comporter de nombreuses significations, parfois allégoriques ou métaphoriques. Par exemple, si la science atteste clairement de l'ancienneté du monde, les « jours » de la Création doivent nécessairement représenter des durées de plus de vingt-quatre heures. Selon cette lecture critique, les magistères deviennent indépendants, la science conservant son emprise sur la factualité du monde naturel. Un scientifique peut être pieux, dévot – comme l'étaient tous ces hommes-là, et en toute sincérité –, tout en ayant une conception de Dieu (comme impérial Horloger du commencement des temps, dans cette version du principe de NOMA) qui laisse sa totale liberté à la science sous son magistère propre.

Si j'ai choisi Thomas Burnet pour illustrer ce principe central, c'est pour trois raisons :

1) il était au départ ecclésiastique – ce en quoi il illustre bien le principe de NOMA, pour autant qu'il a réellement maintenu les deux domaines séparés ;

2) sa théorie a été tournée en ridicule à tort, au prétexte fallacieux que la science devrait combattre la religion ;

3) il soutenait la primauté de la science de façon particulièrement énergique (et encore plus claire que son ami Isaac Newton, comme nous le verrons page 88). Reconnais-

35

sant cette primauté de la science sous son magistère propre, Burnet presse ses lecteurs de ne pas proclamer d'interprétation scripturale contraire à une découverte scientifique, mais plutôt de réexaminer l'Écriture – car c'est la science qui régit le magistère de la vérité factuelle concernant la Nature :

> Il est dangereux d'engager l'autorité de l'Écriture dans les controverses relatives au monde naturel, en l'opposant à la raison ; craignons que le temps, qui amène tout à la lumière, ne nous fasse découvrir l'évidente fausseté de ce que nous avions fait dire à l'Écriture.

Dans un passage délicieux, qui associe l'idée d'un magistère scientifique indépendant et la plus haute conception de Dieu, Burnet développe une métaphore frappante pour mettre en contraste les explications de la destruction de la Terre lors du Déluge : ne devons-nous pas davantage admirer une machine accomplissant par des lois naturelles, issues d'un ensemble originel, toutes les tâches qui lui reviennent (tant habituelles que catastrophiques), plutôt qu'un dispositif fonctionnant bien d'habitude, mais requérant une intervention de son inventeur pour toute tâche un peu plus complexe ?

> Nous considérons celui qui aura fabriqué une horloge sonnant régulièrement toutes les heures, grâce aux ressorts et rouages qu'il a installés dans son ouvrage, comme un meilleur artisan que celui dont l'horloge exigera que l'on y mette le doigt toutes les heures pour obtenir qu'elle sonne : et si l'on trouvait le moyen de réaliser une pièce d'horlogerie marquant toutes les heures, qui remplirait son office régulièrement pendant une période déterminée, puis à l'issue de cette période, sur un certain signal ou par l'effleurement d'un ressort, tomberait par elle-même en morceaux – cela n'apparaîtrait-il pas comme une plus

belle œuvre que si l'artisan arrivait à l'heure dite pour la détruire avec un gros marteau ?

Ecclésiastique, et scientifique de premier plan, Burnet exerce les deux magistères tout en les maintenant séparés. Il assigne à la science tout le monde naturel, mais sait aussi que cette sorte de recherche ne peut statuer au-delà de ce qu'éclaire l'information factuelle, dans les domaines où les questions ne relèvent pas de la loi naturelle. Recourant à une image bien de son siècle (aujourd'hui, nous fixerions autrement les frontières), Burnet concède à la science toute l'histoire de la Terre, mais reconnaît que les temps précédant la création de la matière, et ceux qui suivront le Jugement dernier, ne sauraient être remis au magistère de la connaissance naturelle :

> Tout ce qui concerne ce monde sublunaire dans toute la durée de son existence, depuis le Chaos jusqu'aux ères récentes, je crois que la Providence nous a rendus capables de le comprendre... Il y a par ailleurs l'Éternité, avant le Monde et après lui, laquelle est hors de notre portée : mais ce petit territoire enfermé entre deux grands océans, il nous faut le cultiver, nous en sommes les maîtres, il nous y faut exercer nos pensées et comprendre.

Sans chercher à trop tirer du texte de Burnet, il me semble qu'il manifeste une préférence – ou du moins un grand attachement – pour la factualité de la science quand, dans le récit chronologique de sa *Théorie sacrée de la Terre*, il lui faut dire adieu à la raison en tant que guide pour passer de l'histoire de la Terre telle que les faits permettent de la connaître sous la seule autorité de la loi naturelle à l'avenir radicalement différent que Dieu instituera au Jugement dernier, un ordre si nouveau qu'Il ne peut nous en informer (et à peine) que par la révélation de Ses paroles. Burnet s'adresse à la muse de la science :

Adieu donc, amie si chère, je dois prendre un autre guide ;
et te laisser ici, tel Moïse sur le mont Pisga, seulement
contempler ce pays où tu ne peux entrer. Je reconnais les
bons services que tu as rendus, quelle fidèle compagne tu
as été dans cette longue route : du commencement du
monde, jusqu'à cette heure... Nous avons voyagé ensemble
dans les sombres régions d'un premier et d'un second
chaos ; vu le monde deux fois naufragé. Ni l'eau ni le feu
n'ont pu nous séparer. Mais tu dois maintenant laisser la
place à d'autres guides.

Si j'ai rapporté l'histoire des deux Thomas, c'est pour
aiguiser les distinctions entre deux magistères entièrement
différents mais également essentiels – deux « rocs des
âges ». Il ne faut pas considérer qu'un livre (en l'occurrence, la Bible) ou un métier (en l'occurrence, celui d'ecclésiastique) puisse définir un magistère. Il convient bien
plutôt de se pencher sur son sujet, sa logique, ses arguments propres. Notre objectif de respect mutuel exige
avant tout une compréhension mutuelle. Mais, avant de
présenter dans la deuxième partie une argumentation plus
rigoureuse, il me faut parachever cet exemple intuitif particulier, relatif au principe de NOMA (non-empiètement des
magistères), en racontant une autre histoire – dont le message est similaire, mais cette fois au niveau moral.

Le destin de deux pères

J'ai peine à imaginer une erreur plus répandue, ni plus sotte, dans la pensée et la croyance humaines, que notre propension à construire des mythes relatifs à un « âge d'or », à un innocent passé de bonheur rustique. Lorsque j'entends ce genre de chimères, j'éprouve un besoin quasi irrésistible de faire retentir une déclaration fondamentale, qui devrait être gravée dans la conscience de tout un chacun, en majuscules, comme un rappel primordial. Pas plus qu'aucun honnête individu je n'apprécie le tapage publicitaire, le code fiscal des États-Unis, ou la meute des paparazzi ; et j'ai souvent rêvé de faire fortune en vendant des boîtes de céréales contenant de la fibre morale au lieu de tel ou tel produit naturel gravement polluant. Mais si quelqu'un me dit que j'aurais mieux fait de vivre il y a un siècle, je lui rappellerai simplement l'atout irréfutable qui doit nous faire choisir l'époque actuelle comme la meilleure que nous ayons jamais eue. En effet, grâce à la médecine moderne, les catégories suffisamment fortunées jouissent probablement d'un privilège qui ne fut jamais assuré à aucun groupe humain : nos enfants grandissent ; nous ne perdons pas, en bas âge ou dans l'enfance, la moitié ou plus de notre progéniture. Nous n'avons pas à chanter les déchirants *Kindertotenlieder* (« Chants pour la mort des enfants ») de Mahler ni à recourir au daguerréotypiste du coin pour réaliser le cliché de notre nouveau-né décédé. (Les petits parvenaient rarement à rester immobiles pendant les longues minutes qu'exigeait cette ancienne technique photographique. Cependant, une fois morts, ils ne bougeaient évidemment plus, et nombre de daguerréotypistes s'étaient spécialisés dans ce travail morbide mais lucratif.) Peut-être le fait de savoir probable une mort précoce atténuait-il la douleur des parents, néanmoins cette notion abstraite – qu'une moitié des enfants risquaient de succomber – ne pouvait certainement pas consoler de l'affliction causée par la perte définitive d'un être aimé. Aussi nos ancêtres souffraient-ils de cet état de choses – tous, jusqu'aux rois et aux reines, aux grands industriels ou aux propriétaires terriens, car aucune richesse ne pouvait rien là où les meilleurs médecins étaient à peu près impuissants.

Ainsi, les deux grands héros victoriens de ma spécialité – la biologie de l'évolution –, à savoir Charles Darwin et Thomas Henry Huxley, jouissant l'un et l'autre de ressources plus que suffisantes et possédant en outre d'excellentes connaissances médicales, perdirent tous deux leur enfant préféré dans les circonstances les plus cruelles. L'un et l'autre ont été les principales bêtes noires des fondamentalistes religieux – Darwin pour avoir tout bonnement fondé la théorie de l'évolution, Huxley comme énergique bouffeur de corbeaux. (Dans un aphorisme célèbre, Huxley explique qu'il n'était jamais arrivé à se rappeler de quel côté du cœur se trouve la valvule mitrale – ainsi nommée à cause de sa ressemblance avec la coiffure des prélats –, jusqu'au jour où il se souvint qu'« un évêque n'est jamais dans son droit[1] » ; dès lors, il se rappela définitivement que la valvule mitrale relie l'oreillette et le ventricule gauches.) Tant pour Darwin que pour Huxley, ces pertes d'êtres chers donnèrent lieu à un intense dialogue avec les traditionnelles sources chrétiennes de

1. Proverbe populaire anglais *(NdT)*.

consolation – et l'un comme l'autre rejetèrent ce réconfort banal de façon digne et pathétique.

C'est pourquoi l'on peut supposer que l'un et l'autre s'irritèrent de l'hypocrisie (ou du moins des fausses espérances) qu'ils trouvaient dans une doctrine étriquée. Ces décès tragiques et absurdes conduisirent-ils Darwin et Huxley à devenir les francs adversaires de la religion que nous dépeignent souvent les légendes de carton-pâte? Auraient-ils adhéré au modèle d'une guerre radicale entre science et religion? C'est loin d'être aussi simple, car l'un et l'autre firent preuve d'une retenue digne de leur envergure intellectuelle et de leur subtilité. Huxley et Darwin perdirent certes tout vestige de croyance personnelle en un monde intrinsèquement juste, gouverné par la bonté d'une divinité anthropomorphe, mais la douleur des pertes qu'ils subirent ne fit qu'aiguiser leur compréhension des différences entre science et religion, du respect dû aux deux institutions quand elles exercent en propre leur magistère, et des distinctions entre les questions auxquelles on pourrait répondre et celles que nous ne sommes pas en mesure de comprendre ou même de formuler.

Il est bien connu que Darwin avait projeté de devenir prêtre de campagne, avant de prendre la mer sur le *Beagle* pour faire le tour du monde et d'être attiré par une autre carrière. On en tire souvent la conclusion que la découverte de l'évolution l'aurait mené à la fois à l'apostasie et à sa carrière de biologiste. Cette vision est indéfendable. Darwin n'avait jamais eu de réelle vocation ecclésiastique. Les conceptions religieuses de sa jeunesse étaient tout à fait tièdes, passives, conventionnelles, tout simplement parce qu'il n'avait jamais accordé beaucoup de réflexion à la question. L'idée de devenir prêtre lui vint plus de l'absence d'autre horizon que d'un désir ou d'une croyance ardente. Je soupçonne que, s'il était devenu le révérend Charles, il aurait exercé son métier de façon austère et traditionnelle, en naturaliste clérical – comme une sinécure dotée d'une rétribution suffisante pour des obligations minimes, lui laissant assez de temps et d'occasions pour nourrir sa véritable passion : rassembler et publier des livres sur les coléoptères ou autres objets de l'histoire naturelle.

Ainsi Darwin, approchant du milieu de son existence avec l'assurance de ressources consistantes, une excellente réputation professionnelle et une famille vivant heureuse à la campagne, ne s'était-il jamais sérieusement confronté aux questions de la croyance religieuse personnelle, même si son point de vue évolutionniste l'avait amené à mettre en question et à abandonner plusieurs dogmes tradition-nels que lui avait inculqués son éducation anglicane. Pour-tant, dans le fatidique intervalle entre la fin 1850 et le 23 avril 1851, doute intellectuel et drame personnel vin-rent changer à jamais son univers.

Darwin venait de passer plusieurs années d'intense tra-vail, très technique, sur la taxonomie des anatifes quand sa santé s'améliora de façon sensible, ce qui contribua aussi à lui permettre de mieux lire et méditer. Il en vint à décider d'examiner ses propres croyances religieuses de façon minutieuse et systématique. Darwin se tourna alors vers un penseur fascinant, qui faisait rage à l'époque mais est aujourd'hui méconnu, notamment du fait qu'il fut éclipsé par son frère, devenu bien plus célèbre dans une carrière différente. Ni l'un ni l'autre des frères Newman ne supportaient les inconséquences qu'ils avaient relevées dans la pratique et la doctrine anglicanes. John Henry Newman provoqua l'un des plus grands émois de la vie intellectuelle britannique du XVIIIe siècle en se convertis-sant au catholicisme, parvenant jusqu'au rang de cardinal. (Sur les campus nord-américains, il est courant que les organisations d'étudiants catholiques se désignent en son honneur comme *Newman societies*.)

Francis William Newman, frère cadet du cardinal, fit de brillantes études à Oxford. Il promettait de devenir professeur d'université, mais il abandonna cette brillante perspective de reconnaissance intellectuelle pour travailler comme professeur de latin à l'University College de Londres, établissement récent et peu conformiste : en effet, il ne voulait pas souscrire, comme la loi et la tradition l'exigeaient alors des professeurs d'Oxford, aux Trente-Neuf Articles de l'anglicanisme. Newman entreprit alors un itinéraire spirituel, ponctué par plusieurs livres à succès, vers une position de croyance fervente mais fondée sur le rejet des sévères doctrines traditionnelles (notamment l'idée d'une récompense ou d'une punition éternelles pour nos actions ici-bas) – en faveur d'un système compatible avec la pensée rationnelle et les observations de la science moderne. Avec son énergie habituelle, Darwin étudia entre 1850 et 1851 les principales œuvres de Newman, parvenant à des conclusions similaires quant à l'inanité (et souvent aussi à la cruauté) des dogmes traditionnels, mais il ne trouva aucun réconfort dans les idées de Newman sur la dévotion personnelle – de sorte qu'il aboutit au scepticisme vis-à-vis de tous les aspects de la croyance religieuse.

Cette exploration des travaux de Newman n'aurait peut-être pas autant altéré sa conception du monde si un drame personnel ne l'avait affecté au même moment. Darwin éprouvait à l'égard de sa fille aînée Annie une immense tendresse, due à la fois au tempérament délicat de celle-ci et à sa ressemblance avec la sœur de Charles, Susan, qui avait pour ainsi dire remplacé leur mère prématurément décédée et s'était occupée avec beaucoup d'amour de leur père, jusqu'à sa mort, survenue deux ans plus tôt.

Annie avait toujours été une fillette souffreteuse. En mars 1851, âgée de 10 ans, elle tomba si malade que Charles et son épouse Emma décidèrent de l'envoyer à Malvern, dans la clinique du docteur Gully, qui avait soigné le père de Darwin et obtenu des résultats spectaculaires grâce à sa célèbre méthode d'hydrothérapie. Annie aurait avec elle sa sœur et une bonne d'enfants pour la soutenir et la réconforter. Charles accompagna ce petit monde à Malvern et y demeura plusieurs jours. Emma, qui n'était pas loin du terme d'une grossesse, resta confinée à la maison, selon les coutumes de l'époque.

Annie commença par aller mieux, mais bientôt son état s'aggrava encore. Charles se précipita à son chevet et passa plusieurs jours d'effroyable torture : l'état d'Annie sembla s'améliorer, puis apparut rapidement désespéré. Elle mourut le 23 avril. Darwin écrivit à son frère Erasmus : « Dieu sait que nous n'apercevons nulle part une lueur de consolation. » Une semaine plus tard, il consacra un cahier intime à son affliction, évoquant la beauté disparue – beauté de corps et d'âme – de sa fille Annie : « Oh, qu'elle puisse savoir combien profondément et tendrement nous continuons et continuerons d'aimer son cher et joyeux visage ! Qu'elle soit bénie ! »

La douloureuse perte d'Annie joua pour Darwin comme un catalyseur sur tous les doutes qu'avait engendrés la lecture de Newman, ainsi que sur la réflexion minutieuse qu'il venait d'entreprendre. Il perdit définitivement toute foi personnelle en un Dieu de bonté et ne chercha plus jamais aucun réconfort dans la religion. Comme il évita soigneusement de se déclarer à ce sujet dans ses écrits publics ou privés, nous ne connaissons pas ses convictions intimes. Pour ma part, je crois que, tout en acceptant la maxime de Thomas Henry Huxley sur l'agnosticisme comme seule position intellectuellement recevable, en son for intérieur l'absurde mort d'Annie l'avait fortement poussé vers l'athéisme, même s'il savait que la validité de cette position n'est pas non plus démontrable.

S'il était exact que science et religion se livrent un constant combat pour un même territoire, Darwin serait devenu farouchement hostile à la religion, et cynique vis-à-vis de l'existence en général. Il se serait servi de l'idée d'évolution comme d'un gourdin contre les fausses consolations et les cruels mensonges régnant en ce monde, plein de morts d'enfants et d'autres tragédies atroces, sans justification morale possible. Mais Darwin ne fit rien de tout cela. Il souffrit aussi profondément qu'aucun autre homme et pourtant surmonta l'épreuve, conserva son goût pour la vie et pour l'étude, savoura la chaleur de sa famille et applaudit à ses succès. Bien qu'ayant perdu le bien-être personnel et la croyance religieuse courante, il ne manifesta aucun désir d'imposer cette conception à d'autres – car il comprenait la différence entre les questions de fait, auxquelles on peut apporter des réponses universelles sous le magistère de la science, et les problèmes moraux, que chacun doit résoudre par lui-même. Il défendit bec et ongles la validité de sa théorie, mais sans jamais penser que l'évolution puisse rendre compte du sens de la vie. La connaissance des causes médicales de la mort peut empêcher de futures tragédies, mais en aucun cas soulager la douleur d'une perte toute récente ni expliquer, de façon générale, le sens de la souffrance.

Nous reviendrons sur la remarquable lettre de Darwin au botaniste de Harvard, Asa Gray (celui-ci acceptait la sélection naturelle et l'évolution, mais pressait Darwin de considérer ces lois comme établies par Dieu dans un dessein intelligible), que je tiens en effet pour le plus excellent commentaire jamais écrit sur le véritable rapport entre science et religion. Je citerai néanmoins déjà ici les termes dans lesquels, en mai 1860 – neuf ans après la mort d'Annie et six mois après la parution de *De l'origine des espèces* –, il explique pourquoi la réalité de l'évolution ne saurait résoudre les questions religieuses relatives aux significations ultimes :

> Quant à l'aspect théologique de la question, cela m'est toujours pénible. Je reste perplexe. Je n'avais pas l'intention d'écrire en athée. Mais j'avoue que je ne vois pas aussi clairement que d'autres, ni autant que je le voudrais,

les indices d'un dessein général et d'une bienveillance à notre égard. Il me semble qu'il existe trop de malheur dans le monde. [...] Par ailleurs, je ne puis aucunement me satisfaire d'observer ce merveilleux univers, notamment la nature de l'homme, et d'en conclure que tout résulte de la force brute. Je tendrais à considérer que tout découle de lois organisées, mais que les détails bons ou mauvais seraient laissés au compte de ce que nous pouvons appeler le hasard. Nullement que cette idée me satisfasse. Je ressens profondément que toute cette question est trop profonde pour l'intellect humain. Autant demander à un chien de spéculer sur l'esprit de Newton.

Thomas Henry Huxley, brillant et rigoureux jeune collègue de Darwin – et son vaillant « garde du corps » dans la défense publique de l'idée d'évolution face à l'orthodoxie sociale et religieuse –, perdit, lui, son fils aîné Noel, âgé de 3 ans, le 15 septembre 1860, tout juste quatre mois après la lettre de Darwin à Gray, et une année après que Huxley lui-même eut lu *De l'origine des espèces* – et se fut exclamé avec stupeur, admiration et quelque jalousie : « Que je suis sot de ne pas y avoir pensé ! »

Annie, la fille de Darwin, avait toujours été de constitution chétive, de sorte que sa fin prématurée était une éventualité que Charles et Emma avaient envisagée et tenté, par toute la force de leurs prières, de prévenir. Mais le fils de Huxley, le turbulent Noel, folâtrait encore avec son père le jeudi soir avant d'aller au lit, pour mourir le samedi. « On aurait cru que le garçon avait été inoculé par quelque poison septique », écrivit le père. Parmi les nombreux amis qui tentèrent de le consoler dans cet immense malheur, si terriblement soudain, Huxley n'ouvrit son âme qu'à l'homme qu'il respectait le plus hautement (et avec lequel il était dans le plus grand désaccord) : le généreux pasteur Charles Kingsley, lui-même éminent naturaliste amateur, auteur à succès d'*En route pour l'Ouest !* et des

Enfants de l'eau, et qui, tout à fait partisan de la théorie de l'évolution, ne voyait aucune opposition entre la science et ses devoirs ecclésiastiques.

Kingsley suggéra délicatement à son sceptique ami qu'il devrait, en cette heure d'extrême adversité, réexaminer ses doutes et trouver un réconfort dans la doctrine chrétienne de l'éternité de l'âme, qui lui permettrait d'espérer retrouver Noel dans une vie ultérieure. Dans sa lettre, Kingsley reconnaît la souffrance de Huxley comme « quelque chose d'horrible, d'intolérable, comme d'être brûlé vif ». Mais, selon lui, nous pouvons trouver une durable consolation en nous préparant ici-bas à une rencontre au Ciel, après notre mort physique ; nous devons, écrit Kingsley, « nous rendre dignes de la rencontre » durant notre séjour sur terre.

Huxley répondit à Kingsley le 23 septembre 1860, par une lettre dont la lecture devrait être rendue obligatoire dans l'enseignement de la littérature et de la philosophie anglaises. Ce n'est pas seulement dans les romans que l'on trouve une écriture intense et passionnée ; en tant que prosateurs, certains scientifiques du XIXe siècle (Playfair, Lyell et surtout Huxley) sont comparables aux meilleurs romanciers victoriens. J'aurais aimé pouvoir citer en entier cette longue lettre, car je n'ai jamais lu défense plus touchante et plus incisive de l'honnêteté intellectuelle personnelle, opposée à l'impression de facile et immédiate consolation qu'apportent des secours auxquels on ne saurait véritablement croire, et qu'on ne pourrait justifier par des arguments probants.

Huxley commence par remercier Kingsley du réconfort qu'il entend lui apporter avec une totale sincérité et sans la moindre nuance moralisatrice. Mais il explique ensuite, dans un passage superbe, qu'il lui est impossible de jeter à bas une philosophie personnelle élaborée au long de tant d'années, et moyennant un tel combat intellectuel, pour l'immédiate assistance que lui procurerait la croyance, qu'il a rejetée, en l'immortalité de l'âme :

47

Mon cher Kingsley,
Je ne saurais trop vous remercier, de la part de mon épouse comme de moi-même, de votre longue lettre si franche et de la cordiale sympathie qu'elle exprime. [...] Mes convictions, positives et négatives, sur toutes les questions dont vous parlez se sont lentement développées au fil du temps et sont fermement enracinées. Mais le grave choc qui m'a frappé m'a semblé les arracher à leurs fondations, et si j'avais vécu quelques siècles plus tôt j'aurais pu me figurer qu'un démon s'était joué de moi et d'elles – et me demander de quel profit m'avait été de me défaire des espoirs et consolations de la plus grande partie de l'humanité. À quoi ma seule réponse fut et demeure : ô démon, la vérité vaut mieux qu'aucun profit ! J'ai réexaminé les motifs de ma conviction et, dussé-je pour cela perdre tour à tour femme et enfant, nom et réputation, je ne mentirai toujours pas.

Huxley expose ensuite les arguments qui le font douter de l'immortalité de l'âme. Tout d'abord, pourquoi devrions-nous accorder l'immortalité aux humains et non à des créatures « inférieures » qui, sans doute, gagneraient plus encore à un tel avantage ? Ensuite, pourquoi faudrait-il croire à une doctrine simplement parce que nous espérons si profondément qu'elle soit vraie ?

L'infinie différence entre moi-même et les animaux ne change rien à la chose. J'ignore si les animaux subsistent ou non, après avoir disparu. Je ne sais pas même si l'infinie différence entre eux et nous n'est pas compensée par *leur* persistance et *ma* disparition, après la mort apparente, ainsi que survit l'humble bulbe d'une plante annuelle tandis que cessent d'exister les splendides fleurs qu'il a fait éclore.
Il faut probablement admettre qu'un homme ingénieux pourrait spéculer sans fin dans un sens comme dans l'autre, et trouver des analogies à tous ses rêves. Mais cela

ne m'aide aucunement à considérer que les aspirations de l'humanité – et mes propres aspirations les plus hautes – doivent m'amener à la doctrine de l'immortalité. Non seulement je doute de celle-ci, mais fût-elle vraie : pourquoi me demander avec de grands mots de croire à une idée du seul fait qu'elle me plaît ?

Il spécifie alors les raisons pour lesquelles il choisit la science comme guide pour les questions factuelles ; dans ce célèbre passage de la même lettre, il écrit :

Mon affaire est d'enseigner à mes aspirations à se conformer aux faits, non de tenter que les faits s'accordent à mes aspirations. La science me paraît enseigner, de la façon la plus haute et la plus forte, la grande vérité qu'exprime la conception chrétienne quant au total abandon à la volonté de Dieu. S'asseoir comme un petit enfant devant un fait, prêt à abandonner toute notion préconçue, emboîter humblement le pas à la Nature quels que soient les gouffres auxquels elle nous mène : sans cela vous n'apprendrez rien. Je n'ai commencé à apprendre la satisfaction et la paix de l'esprit qu'après avoir absolument accepté les risques que suppose d'en agir ainsi.

Ces énoncés peuvent apparaître – et ont généralement été pris – comme un manifeste en faveur du modèle habituel d'une guerre entre science et religion, et comme une classique défense de la science même à l'heure du plus grand besoin spirituel. Mais cette admirable lettre, si on la lit *in extenso*, tend vers une position opposée, semblable à celle de Darwin à la mort de sa fille Annie. Huxley certes rejette l'immortalité de l'âme comme consolation personnelle dans son chagrin – pour toutes les raisons rappelées ci-dessus –, mais il reconnaît résolument le principe essentiel de NOMA en affirmant que pareille position en matière

de religion ne saurait faire l'objet d'une démonstration
scientifique :

> Je ne nie pas, je n'affirme pas non plus l'immortalité de
> l'homme. Je ne vois aucune raison d'y croire, mais par
> ailleurs je n'ai aucun moyen de la réfuter.

Sur quoi, en des termes étrangement semblables à la
métaphore de Darwin sur les chiens et le génie de Newton
(cf. p. 46), il repousse le problème au-delà du magistère
de la science, dans le domaine de la décision personnelle,
du fait qu'il n'est pas possible d'imaginer une confirma-
tion rationnelle :

> À seulement tenter de penser ces questions, l'intellect
> humain s'enlise immédiatement dans leur profondeur.

Enfin, dans une conclusion qui continue de m'amener
les larmes aux yeux, Huxley rapporte un cas spécifique de
NOMA en désignant les trois formes d'intégrité personnelle
qui, sans empiètement entre elles, ont ancré son existence
et lui ont donné un sens : la religion pour les questions
morales ; la science pour les questions factuelles ; l'amour
pour les questions sacrées. Il commence par mentionner
l'œuvre philosophique de son ami Thomas Carlyle (*Sar-
tor Resartus*, « le tailleur rhabillé »), et termine sur la
célèbre exclamation de Luther devant la diète de Worms,
disant pourquoi il ne renoncerait pas à ses convictions :
« Que Dieu me vienne en aide, autrement je ne puis. »
Aucun « athée » défendit-il jamais mieux que Huxley le
rôle de la véritable religion (comme base de méditation
morale, non comme ensemble de dogmes acceptés sans
examen) ?

> *Sartor Resartus* m'a conduit à comprendre qu'un profond
> sentiment religieux était compatible avec une totale absence

de théologie. En second lieu, la science et ses méthodes m'ont fourni une demeure indépendante de l'autorité et de la tradition. Enfin, l'amour m'a ouvert une vision de la nature sacrée de l'être humain et m'a imprimé un profond sens de la responsabilité.

Si je ne suis pas en cet instant une carcasse épuisée, corrompue, insignifiante, si mon destin a pu ou pourra être de faire avancer la cause de la science, s'il me semble avoir un tout petit peu droit à l'amour d'autrui, si au moment suprême où j'ai plongé mon regard dans la tombe de mon fils ma peine était toute soumission, dépourvue d'amertume, c'est parce que ces instances avaient agi sur moi, non parce que je me serais jamais soucié de savoir si ma pauvre individualité devait à jamais rester séparée du Tout d'où elle provient et vers où elle ira.

Vous comprendrez par là, mon cher Kingsley, quelle est ma position. Je me trompe peut-être tout à fait, auquel cas je devrai payer le prix de cette erreur. Mais je ne puis que dire, avec Luther : « *Gott helfe mir, Ich kann nichts anders.* »

Pour conclure cette partie, un récit emblématique concernant les obsèques de Darwin – et le rôle joué par Huxley, qui fit changer l'endroit prévu pour l'enterrement – conviendra bien comme symbole et illustration du principe de NOMA, de la possible harmonie, dans la différence, entre science et religion si elles sont bien comprises et circonscrites. Darwin souhaitait être enterré dans le cimetière de Downe, le village où il s'était installé et auquel il avait apporté tant de bienfaits, comme il convenait à un homme riche et de statut élevé – notamment sa charge de magistrat, des dons consistants à l'église locale en faveur des pauvres, et la création de bonnes œuvres (dont une salle d'agrément pour les ouvriers, avec des livres mais pas d'alcool). Cependant, quelques amis bien placés, menés par Huxley, firent pression sur les autorités ecclésiastiques et parlementaires pour assurer à

Darwin des obsèques publiques à l'abbaye de Westminster, où il gît aujourd'hui pour ainsi dire aux pieds d'Isaac Newton.

En inlassable propagandiste de la science, Huxley avait dû se délecter de la perspective qu'un libre-penseur, ayant si profondément démantibulé les traditions les plus consacrées de la pensée occidentale, pût désormais reposer auprès de rois et de conquérants dans le lieu d'Angleterre le plus vénérable, aux yeux des autorités tant politiques qu'ecclésiastiques. Mais soyons un peu plus charitables et concédons au farouche Huxley – mais surtout aux prêtres et aux membres du Parlement qui rendirent possible cet enterrement – une motivation liée à une volonté de réconciliation, étant donné le symbole fort et positif représenté par le fait que ce révolutionnaire homme de science, d'opinion pour le moins agnostique, fût enterré dans le plus sacré des lieux chrétiens parce que, toujours en quête de connaissance, il avait compris qu'aucune de ses découvertes ne pouvait faire chanceler un authentique sentiment religieux.

M. Bridge, l'organiste de Westminster, composa un motet funéraire (pièce tout à fait convenable, à laquelle j'ai pris grand plaisir sous une autre casquette, celle de choriste). Il choisit aussi un des grands textes sapientiels de la Bible, et je ne vois pas de suite de versets mieux appropriée, tant pour un dernier adieu à Darwin que pour le principe de NOMA, selon lequel une vie pleine – c'est-à-dire une vie sage – exige application et énergie en plusieurs magistères contribuant à la complexité de nos vies et de nos mentalités :

> Heureux l'homme qui a trouvé la sagesse,
> l'homme qui détient l'intelligence ! […]
> Elle est plus précieuse que les rubis,
> et tout ce que tu possèdes lui est incomparable.
> Longueur des jours dans sa droite,
> richesse et honneur dans sa gauche.

Ses chemins sont des chemins d'agrément
et toutes ses voies sont de paix [1].

Une superbe proclamation, à n'en pas douter. J'aurais seulement aimé que M. Bridge y adjoignît la ligne suivante (3,18) – citation sapientielle encore plus connue, qui se trouve être aussi une métaphore courante concernant l'évolution...

Elle est un arbre de vie pour ceux qui la saisissent.

---

1. Proverbes 3,13-17 (texte modifié par Bridge).

II

Solution de principe
au problème

Définition et défense
du principe de NOMA

Il en avait certes les moyens – il aurait même pu s'assurer cette prestation par décret impérial –, mais aucun étudiant autre qu'Alexandre le Grand eut-il jamais l'aubaine d'un tel précepteur, bénéficiant plusieurs années durant de la totale attention d'Aristote en personne ?

Aristote prêchait, au cœur même de sa philosophie, l'idée du juste milieu, c'est-à-dire de la résolution de la plupart des grands problèmes à partir d'un point stable entre les extrêmes.

Cependant, je me demande si l'élève d'Aristote pouvait bien entendre ses enseignements quand je considère deux versions différentes et même diamétralement opposées de la plus célèbre anecdote le concernant. On raconte généralement qu'Alexandre, à l'apogée de son expansion militaire, pleura de n'avoir plus de nouveaux mondes à conquérir – dépit de devoir se dire « J'ai été là, j'ai fait cela », quand plus aucun projet n'est possible. Mais la version de Plutarque, datant du Ier siècle avant J.-C. – et donc relativement proche de l'époque d'Alexandre –, renvoie à un problème très exactement inverse : celui de l'impuissance face à un univers trop vaste pour être embrassé, ou même sérieusement entamé. Le récit de Plutarque apparaît d'autant plus crédible qu'il rappelle la doctrine d'Aristote lui-même sur l'éternité des mondes : « Alexandre pleura quand il apprit [...] qu'il existait un nombre infini de mondes, [disant] ne trouvez-vous pas bien affligeant qu'alors qu'il en existe une telle multitude, nous n'en ayons pas encore conquis un seul ? »

Peut-être Alexandre comprenait-il cependant ce qu'est le juste milieu, car en prenant la moyenne de ces deux histoires on peut trouver une position intermédiaire, alliant la satisfaction des exploits réalisés à une impulsion vers plus d'activité – de sorte qu'il n'y aurait plus lieu de pleurer.

Je n'ai fait là, bien sûr, que railler un symbole, un personnage emblématique de l'intrépidité. Je n'en entendais pas moins soulever une question sérieuse, celle de la façon dont nous abordons généralement les problèmes complexes – thème qu'illustrent bien les deux versions opposées concernant Alexandre. Notre esprit tend à fonctionner de façon dichotomique, c'est-à-dire en conceptualisant les sujets complexes par oppositions du type « ou bien/ou bien », imposant ainsi le choix entre deux extrêmes sans laisser aucune place à une autre solution – au juste milieu aristotélicien.

Je soupçonne cette tendance, manifestement inévitable, d'être le lourd héritage d'une évolution passée, où la faiblesse de la conscience ne permettait pas de dépasser le stade du « ouvert ou fermé », « oui ou non », « combattre ou s'enfuir », « se remuer ou se reposer » – les réseaux neuronaux de cerveaux primitifs se seraient alors câblés conformément à ces exigences. Mais laissons ce genre de spéculation à d'autres temps et lieux.

Ainsi donc, lorsqu'il nous faut juger du rapport entre deux matières dissemblables, en l'occurrence la science et la religion – et d'autant que celles-ci semblent soulever des questions analogues, au cœur de nos préoccupations les plus vitales quant à la vie et au sens –, estimons-nous que, de deux choses l'une : ou bien science et religion doivent se combattre à mort, jusqu'à la victoire de l'une et la défaite de l'autre, ou bien elles doivent constituer une seule et même quête, de sorte qu'elles pourraient se voir réunies, parfaitement et sans heurts, en une magnifique synthèse.

Cependant, ces deux scénarios extrêmes fonctionnent par élimination – soit la destruction d'un domaine par l'autre, soit leur fusion en une grande et molle boule de cire, sans bords tranchants ni pointes acérées. Pourquoi ne pas préférer un juste milieu qui assurerait *à chacun* dignité et considération ? Nous pourrions ici emprunter une maxime paradoxale à l'essayiste anglais G. K. Chesterton, qui faisait plus que satisfaire à la stéréotypie britannique (laquelle étouffe tout ce qui est vibrant et spontané sous la voix d'une « raison » flegmatique et répressive : « pas de sexe, s'il vous plaît, nous sommes anglais ») quand il proposait de sortir de l'impasse par ce profond aperçu : « L'art est limitation ; l'essence de chaque tableau, c'est son cadre. »

Que l'on considère n'importe laquelle des « grandes » questions plus ou moins « centrales » qui ont troublé les esprits depuis l'aube de la conscience, par exemple : en quoi les humains ont-ils un rapport avec d'autres organismes, et que signifie ce rapport ? Cette question est d'une telle ampleur qu'aucune formulation unique, ni aucune réponse unique, ne saurait être pleinement satisfaisante. Comme d'autres aussi, elle comporte une bonne part de construction « éclatée » et mal définie, qui appelle une clarification et un accord sur les définitions proposées avant que l'on puisse rechercher un terrain commun.

Il faut convoquer cette notion de cadre selon Chesterton auprès du thème central du présent ouvrage : le principe de NOMA, c'est-à-dire de non-empiètement des magistères. Que l'on songe à n'importe quel poncif sur les substances qui ne peuvent se mélanger : l'eau et l'huile, ou, pour les Nord-Américains, les pommes et les oranges, pour les Anglais, la craie et le fromage – ou encore, dans l'univers impérial de Kipling, les deux traditions humaines qui ne se rejoindront pas (« et jamais les deux ne se rencontrent ») tant que le pouvoir divin n'aura pas mis fin au présent état de choses (« avant que la Terre et le Ciel soient présents devant le grand siège du Jugement divin »). Chaque domaine d'investigation se donne un cadre de règles et de questions recevables, et pose ses propres critères de jugement et de résolution. Ces critères agréés, ainsi que les procédures mises en œuvre pour examiner et résoudre les problèmes admissibles, définissent le magistère – l'autorité d'enseignement – de n'importe quel domaine. Aucun magistère isolé ne saurait cerner toutes les questions troublantes que soulève tel ou tel sujet complexe, notamment celui, si riche, de notre rapport avec d'autres formes de vie. Plutôt que de demander à une seule approche de satisfaire à toutes nos interrogations (principe de la « taille unique »), nous devrions être prêts à visiter une galerie de peinture où communier avec plusieurs toiles différentes, chacune délimitée par un cadre bien solide.

Comme exemple de l'application du principe de NOMA à une « question centrale », nous examinerons deux cadres distincts – c'est-à-dire deux magistères sans empiètement – entourant des interrogations tout à fait différentes, mais aussi vitales l'une que l'autre, concernant la signification de notre rapport à d'autres créatures vivantes.

D'une part, en effet, nous recherchons des informations sur des questions de fait auxquelles il pourrait être répondu par « oui » ou par « non » (du moins en principe ; dans la pratique, ces réponses sont souvent très difficiles à obtenir). Certaines de ces questions de fait ont des enjeux de toute première ampleur. Ainsi, voilà plus d'un siècle, l'énoncé fondamental de la théorie de l'évolution résolut plusieurs problèmes tout à fait majeurs, notamment celui-ci : sommes-nous reliés à d'autres organismes par des liens généalogiques ou bien en tant qu'éléments dans le plan ordonné d'un Créateur divin ? Si les humains ressemblent tant aux grands singes, est-ce parce que nous avons en commun un récent ancêtre ou parce que la Création a suivi un ordre linéaire et que les singes représentent l'étape immédiatement antérieure à la nôtre ? D'autres problèmes plus précis et délicats restent aujourd'hui encore sans réponse : pourquoi une si grande part de notre matériel génétique n'a-t-elle apparemment aucune fonction ? Quelles furent les causes des extinctions massives d'espèces qui ont ponctué l'histoire de la Vie ? (Nous sommes maintenant pratiquement certains que c'est l'impact d'un corps venu de l'espace qui, voici soixante-cinq millions d'années, a anéanti les dinosaures et donné leur chance aux mammifères, mais nous n'avons pas découvert les causes des quatre autres grandes hécatombes.)

Comme je l'ai expliqué dans le préambule, pareilles questions relèvent du magistère d'une institution que nous avons désignée comme « science » – une autorité d'enseignement conçue pour utiliser des méthodes mentales et des techniques d'observation corroborées par leurs résultats et par l'expérience, en vue de décrire et de tenter d'expliquer la constitution effective de la Nature.

D'autre part, cependant, ce même problème de notre rapport avec d'autres organismes soulève une foule de questions bien différemment orientées : valons-nous mieux que les insectes ou les bactéries, du fait que nous avons développé un système nerveux beaucoup plus complexe ? Dans quelle mesure avons-nous le droit, le cas échéant, de mener d'autres espèces à l'extinction en éliminant leur habitat ? Violons-nous quelque code moral en utilisant la technologie génétique pour coller un gène d'une créature donnée dans le génome d'une autre espèce ? De telles questions – et l'on pourrait en remplir un gros livre, sans devoir chercher bien loin – relèvent de la même thématique (« nous et les autres ») mais impliquent des soucis différents, qu'aucune sorte de données factuelles ne peut, tout bonnement, résoudre ou même vraiment éclairer. Aucune mesure de la capacité mentale des hommes et des fourmis ne résoudra la première question, aucun manuel sur la technologie du transfert génétique latéral ne sera utile quant à la dernière.

C'est qu'on est là renvoyé à des problèmes moraux sur la valeur et le sens de la vie, tant dans sa forme humaine qu'en un sens plus général. Pour en débattre de manière féconde, il faut recourir à un autre magistère, bien plus ancien que celui de la science (du moins en tant qu'investigation formalisée) et qui recherche un consensus, ou pour le moins une mise au clair des hypothèses et critères relatifs au « devoir-être » éthique – non à la quête de l'« être » factuel –, concernant la composition matérielle du monde naturel[1]. Ce magistère de la discussion éthique et de la quête du sens comprend plusieurs disciplines – l'essentiel de la philosophie, ainsi qu'une partie de la

1. Que mes collègues en philosophie ou champs voisins me pardonnent cette façon un peu désinvolte d'aborder un sujet ancien et difficile, qui fait toujours l'objet de bien des discussions et vis-à-vis duquel il faut énormément de subtilité et de sens de la nuance si l'on veut en capter les complexités et ramifications. Je sais bien que cette revendication d'une séparation entre les questions factuelles et les problèmes éthiques a fait l'objet de nombreuses controverses depuis que David Hume a explicitement distingué entre « être » et « devoir-être ». (Moi-même, étant étudiant, je rédigeai une note pour le moins tendancieuse sur ce que G. E. More devait plus tard désigner à ce propos, dans ses *Principia Ethica* de 1903, comme l'« illusion naturaliste ».) Je reconnais la force de certaines objections classiques à une stricte séparation – en particulier, l'inutilité d'attribuer un « devoir-être » à des comportements dont on a prouvé l'impossibilité physique dans l'« être » de la nature. J'admets également ne pas être bien compétent quant au détail actuel du débat universitaire à ce sujet (bien que j'aie tenté de me tenir au courant de ses tendances générales). Enfin, je confesse que, si un non-spécialiste faisait incursion de façon aussi brutale sur une question délicate et embarrassante dans mon propre domaine – la théorie de l'évolution et la paléontologie –, je le prendrais très mal.

Malgré tout, je voudrais défendre ma démarche comme n'étant pas une neutralisation ou une dépréciation face à un sujet si complexe, mais bien l'affirmation de principe que la plupart des questions de pareille portée exigent d'être traitées à différents niveaux, étudiées à différentes échelles. Les vastes généralisations comportent toujours à leurs lisières des exceptions et des secteurs de « cependant » – ce qui n'invalide ni ne discrédite même le bien-fondé de la thèse principale. Dans mon domaine – l'histoire naturelle –, nous désignons souvent ce phénomène comme la règle de « la souris du Michigan », en l'honneur de l'expert en détails taxinomiques qui ne manque jamais de s'élever, au fond de la salle, contre un exposé général sur la théorie de l'évolution en disant : « Oui, mais il y a une souris au Michigan qui... »

littérature et de l'histoire, notamment – que l'on regroupe traditionnellement sous le terme d'« humanités ». Mais les sociétés humaines ont généralement centré le discours de ce magistère sur une institution nommée « religion », déployant autour de ce terme une extraordinaire diversité de démarches : toutes les croyances possibles concernant la nature ou même l'existence d'une puissance divine ; toutes les attitudes possibles quant à la liberté de discussion ou à l'obéissance à des textes ou doctrines immuables.

Je ne soutiens en aucune façon que toute vision éthique doive faire valoir ses critères en recourant à la religion. En

---

Chez les chercheurs, l'attention tend à se porter vers les cas d'exception – car ce sont eux qui nourrissent la recherche de haut niveau. Ainsi mes collègues se trouvent-ils actuellement engagés dans un rude débat sur la question de savoir si la théorie lamarckienne de l'évolution ne pourrait pas être valide, dans une certaine mesure, pour certains phénomènes relatifs aux bactéries. Cette question, pour fascinante et brûlante qu'elle soit, ne contrarie en rien la certitude, suffisamment établie, que les processus darwiniens sont prédominants dans le domaine de l'évolution biologique.

Cet intense intérêt des chercheurs pour les méandres latéraux ne saurait mettre en question ni faire dérailler notre propre intérêt, tout aussi valide, quant aux principes essentiels considérés en général. La distinction entre « être » et « devoir-être » figure parmi ces principes essentiels et ce petit volume a été écrit (pour tous les lecteurs intelligents, sans compromis ni affadissement) à ce niveau général.

Proposons une analogie : au procès sur le créationnisme qui se déroula en Arkansas (dont il sera plus précisément question dans la troisième partie), le philosophe Michael Ruse présenta la célèbre notion poppérienne de la falsifiabilité comme critère majeur permettant de désigner un sujet comme scientifique (la prétendue « science de la Création » échappant à ce critère). Le juge Overton accepta l'analyse de Ruse et utilisa ce critère, comme principale définition de la science, pour rendre le verdict qui rejetait la loi du « temps égal » votée en Arkansas. Certes, la thèse générale du falsificationnisme (tout comme la distinction entre « être » et « devoir-être », ou comme la suprématie du darwinisme face à un peu de lamarckisme bactérien) reste exposée à tous les débats et controverses sur nombre de thèmes sectoriels et marginaux traités par des spécialistes. Mais, bien que certains philosophes pointilleux aient dénoncé chez Ruse une « simplification » des subtilités de leur champ de travail, j'entends vivement défendre son témoignage (comme, je crois, la grande majorité des philosophes professionnels) et soutenir cette saine analyse, conforme à la juste échelle des définitions générales.

effet, nous donnons différents noms au discours moral de cet indispensable magistère, et chacun sait que des athées peuvent vivre selon de très stricts principes, tandis que des hypocrites peuvent se draper dans n'importe quel drapeau, y compris et surtout ceux de Dieu et de la patrie. Cela étant, je maintiens que la religion a été au cœur de ce magistère dans la plupart des traditions culturelles.

Comme chacun d'entre nous – y compris ceux qui ne s'attachent qu'à leur propre intérêt, quel qu'en soit le coût pour les autres – doit prendre certaines décisions sur les règles qu'il suivra dans la conduite de sa propre vie, et comme personne ne peut être entièrement indifférent aux choses du monde qui nous entoure (fût-ce pour se faire une idée de la vitesse des voitures roulant sur une voie rapide quand on veut traverser la rue), tout être humain doit s'intéresser au moins un peu à ces deux magistères que sont la religion et la science, quel que soit le nom que l'on donne aux domaines de l'examen éthique et de la recherche factuelle. On peut bien sûr survivre avec le degré de conscience minimal que je viens de caricaturer à propos des voitures. Mais un véritable accomplissement – au sens ancien d'une authentique envergure – exige que l'on examine sérieusement les problèmes les plus profonds et les plus difficiles de l'un et l'autre magistère. Ceux-ci ne fusionneront jamais, aussi chacun de nous doit-il intégrer leurs différentes composantes dans une vision cohérente de l'existence. Celui qui y parvient acquiert alors quelque chose de vraiment « plus précieux que les rubis », digne d'un des plus beaux vocables en quelque langue que ce soit : la sagesse.

J'ai avancé deux thèses principales en présentant ma conception de la relation idoine entre la science et la religion comme NOMA, comme non-empiètement des magistères : premièrement, ces deux domaines sont d'égale valeur et aussi nécessaires l'un que l'autre à toute existence humaine accomplie ; deuxièmement, ils restent distincts quant à leur logique et entièrement séparés quant à leurs styles de recherche, même si nous devons étroitement intégrer les perspectives des deux magistères pour élaborer la riche et pleine conception de l'existence que l'on désigne traditionnellement comme « sagesse ». Aussi, avant de présenter dans cette seconde moitié de la partie, plus concrète, quelques exemples pour ancrer les généralités de la première moitié, dois-je défendre ces deux thèses-clés sur le principe de NOMA face à la contestation que permet évidemment la structure du raisonnement qui précède.

Égal statut des magistères.

Scientifique de profession, pour ce qui concerne mes croyances théologiques je suis sceptique et non aligné (quelle que soit ma fascination pour le sujet, comme je l'ai sincèrement indiqué page 21). Est-ce que vraiment je pratique ce que je prêche, quant à un statut égal et incontournable des deux magistères, alors que l'un occupe toute mon existence tandis que l'autre ne fait que susciter mon intérêt ? En particulier, comment puis-je soutenir un respect affiché pour la religion alors que je parais en dénigrer l'entreprise par deux corollaires évidents – que je vais développer – de la discussion qui précède ? Pourquoi le lecteur ne me tiendrait-il pas pour un scientifique arrogant, qui en appellerait hypocritement à une non-interférence fondée sur une sympathie et un respect profonds, mais en réalité chercherait à réduire la religion à l'impuissance et à l'inanité ?

Un premier élément pouvant rendre ma démarche suspecte est que j'ai écrit que, s'il est vrai que chacun de nous est appelé à formuler une théorie morale sous le magistère de l'éthique et du sens, et que dans la plupart des traditions culturelles c'est la religion qui sert d'ancrage à ce magistère, la voie choisie peut fort bien ne pas invoquer la religion, mais fonder le discours moral sur d'autres disciplines – par exemple la philosophie. Si nous devons tous déployer un code moral sans nécessairement cependant en appeler à la religion, comment celle-ci pourrait-elle revendiquer les mêmes importance et dignité que la science ? Car cette dernière ne peut être ignorée de la même façon : comment s'imaginer qu'en faisant un pas on pourrait être propulsé dans l'espace au lieu d'être ramené à terre par la pesanteur ?

Pour en revenir à T. H. Huxley, celui-ci a raconté son affliction à l'audition, lors de l'enterrement de son fils, d'un passage usuel de la liturgie funéraire anglicane, selon lequel la croyance en la résurrection est un mode d'accès nécessaire à une digne conduite durant notre existence terrestre :

> Tandis que je me tenais l'autre jour derrière le cercueil de mon petit garçon, l'esprit bien éloigné de toute controverse, l'officiant nous lut, comme il était de son devoir, la phrase : « Si les morts ne ressuscitent pas, mangeons et buvons, car demain nous mourrons. » Je ne saurais vous dire à quel point ces paroles me choquèrent… Et quoi donc ? Parce que je dois faire face à une perte irréparable, parce que j'ai rendu à la source dont il provenait un tel objet de bonheur, que je retiendrai toute ma vie les dons dont il m'a comblé et me comblera encore, devrais-je renoncer à mon humanité et, en braillant, me vautrer dans la bestialité ? Eh bien, les singes eux-mêmes sont plus avisés et, si l'on tue leurs petits, ces pauvres brutes manifestent leur immense chagrin, bien loin de chercher l'oubli dans le vice.

Mais on observera que Huxley s'en prend ici à une visée particulière, au sein d'une tradition déterminée, non au concept même de religion. Écrivant, plus loin dans la même lettre, qu'un « profond sentiment de la religion » est

« compatible avec une totale absence de théologie », il son-
geait sans doute à cet exemple. Un magistère, c'est après
tout un lieu de dialogue et de débat, non pas un ensemble
de règles éternelles et invariables. Aussi Huxley, par ces
énoncés, rejoint-il un débat interne du magistère de la religion : celui de la valeur morale des bonnes actions. En quoi
il se trouve sans nul doute en dehors du magistère de la
science – et avance même une assertion qui devait être
ensuite reconnue erronée, invoquant le prétendu chagrin
des grands singes pour illustrer une position qui ne saurait
être tranchée que par le discours moral (la valeur supérieure d'actions fondées sur des principes cohérents, non
sur la crainte des conséquences). Huxley, que l'on présente
comme un ennemi de Dieu, est manifestement bien satis-
fait de fonder son rejet d'une doctrine chrétienne rebattue
sur un principe supérieur, dont il admet qu'il est essentiellement d'ordre religieux. Reconnaissons donc le caractère
nécessaire et central du dialogue au sein de ce magistère
(quant à des questions vitales dont la science ne saurait
traiter), plutôt que d'ergoter sur les désignations. J'entends
accepter aussi bien le point de vue de Huxley que l'étymo-
logie du terme lui-même de « religion » (c'est-à-dire : ce
qui relie) – et considérer comme religieux tout discours
moral fondé sur des principes susceptibles d'activer l'idéal
d'entente universelle.

Second corollaire, plus général : ne suis-je pas en train
de dénigrer plus subtilement tout le magistère de l'éthique
et du sens (quel que soit le nom qu'on lui donne) en affirmant implicitement qu'on ne saurait répondre de façon
absolue aux questions morales, alors qu'il faudrait être
stupide pour nier la révolution des planètes ou l'évolution
biologique ? Sur ce point, l'on ne peut qu'en revenir au
« principe des pommes et des oranges » – c'est-à-dire
précisément au principe de NOMA. Cette impossibilité
de parvenir à une solution intégrale doit être considérée
comme une propriété logique spécifique de cette forme

de discours, nullement comme une limitation. La vitalité du magistère religieux tient largement à la portée transcendante que revêtent les questions concernant la morale et le sens, pour tous les êtres capables de penser et de ressentir, non pas à la sorte de solutions accessibles – lesquelles, dans ce magistère, reposent davantage sur le compromis et le consensus que sur la démonstration factuelle, qui au contraire régit le magistère de la science. On pourrait tout aussi bien dénigrer ce dernier au motif que son puissant rejeton, la technologie, sait accomplir d'étonnantes merveilles, mais que toutes les ressources de ce grand magistère ne parviennent pas à éclairer de la moindre lueur les plus simples des questions éthiques qui hantent nos esprits depuis l'apparition de la conscience.

Indépendance des magistères.

Comment quiconque pourrait-il prendre au sérieux cette fameuse thèse du non-empiètement des magistères, alors que les derniers siècles de l'histoire humaine pourraient presque se définir par la thèse inverse, celle d'un conflit profond, essentiel, entre ces deux domaines – depuis l'évangéliste Billy Sundy (qui fut par ailleurs joueur de base-ball), selon lequel un ecclésiastique admettant l'évolution ne peut être que, je cite, « un putois fétide, un hypocrite, un menteur », jusqu'à ce passage pour le moins éloquent de Disraeli :

> La question est donc : suis-je un singe ou un ange ? Seigneur, je suis du côté des anges. Je rejette avec indignation et répugnance le point de vue contraire, je le crois étranger à la conscience de l'humanité. [...] L'homme est fait à l'image de son Créateur – source d'inspiration et de consolation, la seule dont puisse découler aucun juste principe de morale et aucune vérité divine. [...] C'est

entre ces deux interprétations antagoniques de la nature de l'homme, avec toutes leurs conséquences, que la société devra décider. Leur rivalité concerne le fond même de toutes les affaires humaines.

La solution à cette question décisive occupera la seconde moitié du présent ouvrage (c'est-à-dire la totalité des troisième et quatrième parties), aussi je reporte cette discussion jusque-là. Ici, à titre provisoire dans la logique de mon argumentation, je dirai simplement que ce que j'essaie de faire est d'analyser la logique interne d'un problème, considéré avec une certaine distance historique par rapport au plus vif de la bataille directe – et que je n'affirme rien quant aux réalités de notre histoire intellectuelle ou sociale. Je rappellerai aussi que, comme je l'ai dit dès le préambule, le principe de NOMA, loin d'être une solution insolite et sujette à controverse, fait depuis longtemps déjà l'objet d'un consensus parmi la majorité des grandes figures tant scientifiques que religieuses. Pour résumer brièvement ce qui occupera la seconde moitié de ce livre, disons qu'aucune institution ne cède jamais le terrain volontairement. Le magistère de la science est tard venu dans l'histoire humaine ; faute de mieux, la théologie avait jadis occupé également son domaine, celui de la recherche factuelle : on ne pouvait guère s'attendre qu'elle se retire d'un si vaste territoire sans quelque résistance – même si l'on peut affirmer, à très juste titre, qu'en réalité cette apparente retraite renforce la théologie comme discipline à part entière.

Enfin, à quelle distance l'un de l'autre se trouvent les magistères de la science et de la religion ? Encadrent-ils des tableaux situés aux deux extrémités de nos galeries mentales, avec entre eux des kilomètres de champs de mines ? En ce cas, à quoi bon même parler d'un dialogue entre des magistères si éloignés, et de la nécessité de les intégrer l'un à l'autre pour épanouir nos existences et les emplir de sagesse ?

Ma position est que le non-empiètement de ces deux magistères ne s'accomplit qu'en ce sens logiquement important, que leurs critères respectifs de formulation et de résolution des questions les rendent immiscibles comme le sont l'eau et l'huile, pour reprendre cette métaphore banale. Mais, de même qu'entre la couche d'eau et la couche d'huile, il ne saurait y avoir entre eux contact plus étroit et intime, sur chaque micron carré – au iota près, dirait le second magistère. Science et religion ne se regardent pas en chiens de faïence, sur des murs opposés dans notre musée des Arts mentaux, elles s'enchevêtrent selon des figures complexes à toutes les échelles d'une sorte de système fractal.

Il n'y a pas pour autant empiètement – pas plus qu'il n'y a fusion entre les époux même dans le meilleur des mariages. Tout problème intéressant, à n'importe quelle échelle (d'où la référence plus que métaphorique au fractal), appelle les contributions indépendantes des deux magistères pour être correctement éclairé. La logique de la recherche interdit une véritable fusion, comme nous l'avons reconnu. Le magistère de la science ne peut s'aventurer au-delà de l'anthropologie des mœurs – le compte rendu de ce que les gens croient, y compris d'aussi importantes informations que la fréquence relative de telle ou telle valeur morale selon les différentes cultures, la corrélation entre ces valeurs et les circonstances écologiques et économiques, voire l'intérêt adaptatif de certaines croyances dans certains cadres darwiniens –, quoique j'aie clairement manifesté dans d'autres livres mon grand scepticisme vis-à-vis de la spéculation en ce domaine. Mais la science ne peut rien dire quant à la moralité de ces mœurs. Ainsi, quand les anthropologues s'aperçoivent que le meurtre, l'infanticide, le génocide, la xénophobie ont sans doute marqué de nombreuses sociétés humaines, ont surgi de préférence dans certaines situations sociales, et peuvent même, dans certains contextes, avoir été bénéfiques pour l'adaptation, cela ne saurait aucunement nourrir l'assertion d'ordre moral selon laquelle nous devrions nous comporter de la sorte.

Pourtant, le philosophe de la morale, s'il ne s'enferme pas dans la frilosité et l'esprit de clocher, ne saurait considérer ces apports scientifiques comme inutiles ou inintéressants. Des faits de cet ordre ne peuvent valider aucune position morale, mais nous n'en souhaitons évidemment pas moins comprendre la sociologie du comportement humain, ne serait-ce que pour mettre en lumière la relative difficulté de fonder certains consensus qu'atteint au contraire le magistère de la morale et du sens. Pour prendre un exemple tout simple, il convient certainement de prendre en compte les faits de la sexualité des mammifères pour ne pas désespérer au moment où, plaidant pour une stricte monogamie comme unique voie morale dans la société humaine, nous nous trouvons bien penauds de voir nos arguments, quoique rigoureux et élégants, si mal correspondre à la réalité.

De la même façon, les scientifiques feraient bien de prendre en compte les normes du discours moral, ne fût-ce que pour comprendre pourquoi toute personne réfléchie, même dépourvue de connaissances spécialisées sur la génétique de l'hérédité, est fondée à contester que telle expérience concernant la reproduction contrôlée de notre espèce doive être effectuée du seul fait que nous disposerions désormais de la technologie nécessaire et que les résultats de cette expérience seraient intéressants dans la perspective d'un élargissement de l'information et de l'explication.

De Tom et Jerry au yin et au yang, toutes nos cultures, à travers l'extrême diversité de leurs niveaux et de leurs traditions, font état d'entités à la fois absolument inséparables et absolument différentes. Pourquoi ne pas ajouter les magistères de la science et de la religion à cette vénérable et insigne liste ?

Illustration
du principe de NOMA

Depuis tant d'années que je plaide la cause du principe de NOMA, j'ai pu me rendre compte que ceux qui restent sceptiques, parmi mes amis et collègues, remettent en cause non pas la logique de mon raisonnement – qu'à peu près tout le monde reconnaît intellectuellement solide et tout à fait efficace, dans notre monde de passions multiples –, mais bien mon affirmation selon laquelle la plupart des chefs de file religieux et scientifiques sont effectivement partisans du principe de NOMA. Nous sommes évidemment tous conscients que beaucoup de personnes et de mouvements campent sur des positions étroites et agressivement partisanes, généralement liées à une visée politique active, et qui exaltent une des démarches au détriment de l'autre. Sans aucun doute, les extrémistes de ce qu'on appelle la « droite chrétienne », notamment la petite frange qui entend imposer le créationnisme dans les programmes scientifiques de l'enseignement public américain, forment le groupe le plus voyant de ces zélateurs. Mais j'y inclus aussi, parmi mes collègues scientifiques, certains athées militants que leurs œillères vis-à-vis de la religion empêchent d'en saisir les subtilités et la diversité, et qui ramènent l'ensemble de ce magistère aux naïves superstitions de ceux qui croient avoir vu la Vierge miraculeusement dessinée dans les contours formés par la rosée sur la vitrine d'un vendeur d'automobiles du New Jersey.

J'estime qu'à ces personnes c'est une contestation essentiellement politique, et non un discours intellectuel, qui doit être opposée. À certaines exceptions près, bien sûr, des gens qui ont consacré l'essentiel de leur énergie, voire le sens même de leur vie, à soutenir de façon agressive ces positions extrêmes n'accepteront pas un débat posé et respectueux. Les partisans du principe de NOMA, et tous ceux qui défendent la différence dans la dignité, devront rester vigilants et chercher à l'emporter au niveau politique.

Cependant, une fois écartés les extrémistes des deux bords, il reste tous ceux qui croient que les principales têtes pensantes tant religieuses que scientifiques ne peuvent que demeurer en conflit (ou en situation de grande tension), du fait que ces deux domaines incompatibles rivalisent inéluctablement pour la possession d'un même territoire. C'est pourquoi, si je puis montrer que le principe de NOMA jouit d'un soutien puissant et tout à fait explicite, même au regard des stéréotypes culturels primaires du traditionalisme pur et dur, cela devrait mettre en pleine lumière que le statut de NOMA – bien loin d'être une petite suggestion bizarre, hors sujet, due à quelques conciliateurs égarés sur le champ d'une bataille inéluctable – constitue une saine position pour un consensus général, grâce au long effort de bonnes volontés de l'un et l'autre magistère.

Aussi vais-je examiner deux exemples tout à fait différents mais également frappants, qui plaident en faveur du principe de NOMA – et n'existeraient pas si la science et la religion étaient condamnées à se disputer le même territoire. Dans le premier exemple, il apparaît que la religion reconnaît les prérogatives de la science quant au sujet le plus litigieux qui soit : il s'agit des positions les plus récentes du Vatican vis-à-vis de l'évolution de l'homme. Dans le second, on verra que la science, à l'aube de l'ère moderne, était honorablement pratiquée par des ecclésiastiques qui, selon les idées reçues, auraient dû chercher à saper cette entreprise et non à la favoriser.

Galilée, Darwin et la papauté.

Pour des raisons indéfendables, qui tiennent à l'ignorance et à la reproduction de stéréotypes, les gens qui n'ont pas été élevés dans la tradition catholique romaine ont tendance à considérer la papauté comme l'archétype même d'un traditionalisme dogmatique, par définition hostile à la science. Les thèses sur l'infaillibilité pontificale, les jugements *ex catedra*, etc., s'ajoutant aux fastes vestimentaires et à un rituel qui il y a peu encore se tenait en un latin incompréhensible, ne peuvent guère que renforcer ce stéréotype parmi ceux qui ne comprennent pas le sens et la fonction de tout cela.

(Pour ce qui est de ma propre appréciation d'une institution qui ne se soucie pas toujours d'être claire et explicite, je reste reconnaissant à un Jésuite anglais qui avait abandonné une brillante carrière commerciale pour affronter les rigueurs d'une formation qui exige quelque vingt ans, et que le hasard – qui nous avait attribué des places voisines à l'Opéra de Rome – me fit rencontrer il y a déjà bien longtemps. Nous passâmes deux jours entiers en d'intenses discussions. Il me fit comprendre que son Église, en ses nombreux meilleurs moments, était – selon ses propres termes – « une immense société de débats ». Même si officiellement les proclamations papales interdisent toute contestation publique, le dialogue interne ne tarit jamais. Qu'il suffise de se rappeler la patience et l'obstination légendaires de Job [13,15] :

> Voici, il me tuera ; je n'ai rien à espérer ;
> Mais devant lui je défendrai ma conduite.)

Il est en outre un événement historique crucial, le jugement et l'abjuration forcée de Galilée, en 1633, qui exerce encore une grande force symbolique dans notre paysage culturel, et que l'on invoque automatiquement dès qu'il est question du rapport entre la science et le catholicisme. La version courante est si fortement opposée au principe de NOMA, elle fait du pape Urbain VIII un tel scélérat, de Galilée un tel héros et martyr, que le modèle d'une guerre intime entre les deux magistères apparaît irrésistible.

C'est là un sujet qui mériterait plusieurs volumes, plutôt que les quelques paragraphes que l'on trouvera ici. Mais il convient de rejeter le cliché anachronique qui présente Galilée comme un scientifique moderne combattant le dogmatisme obtus d'une Église qui aurait débordé son magistère propre et se serait montrée ridiculement ignorante d'une donnée fondamentale de la cosmologie. Je n'appelle pas à une lecture entièrement révisionniste, car les faits sont là : Galilée fut traité cruellement (contraint de se rétracter à genoux, puis passant pour ainsi dire aux arrêts à domicile le restant de son existence), alors que c'était lui qui avait raison. Son conflit avec le pape représentait bel et bien, pour citer le meilleur ouvrage récent sur la question[1], « le choc entre deux conceptions du monde incompatibles », et Urbain VIII défendait bel et bien la vision géocentrique traditionnelle comme un dogme établi. Cependant, à examiner ne serait-ce que la partie émergée de cet immense iceberg que constitue la vie au XVIIe siècle à la cour de Rome – un univers si profondément différent du nôtre que les catégories et définitions modernes ne peuvent que nous embourber dans l'incompréhension –, l'on peut comprendre pourquoi nos actuelles définitions de la science et de la reli-

---

1. Mario Biagioli, *Galileo, Courtier*, University of Chicago Press, 1993.

gion rendent si mal compte de l'épreuve traversée par Galilée.

Comme le montre Biagioli, Galilée fut victime d'une sorte de drame assez courante dans les cours princières européennes. Maffeo Barberini avait été un ami, et un grand mécène des arts et des sciences. Quand il devint le pape Urbain VIII, en 1623, Galilée approchait de la soixantaine et se dit que c'était l'occasion ou jamais. L'Église avait condamné les thèses héliocentriques de Copernic, au niveau de la réalité naturelle, mais laissé ouverte une porte en autorisant la discussion de cosmologies hétérodoxes en tant qu'hypothèses purement mathématiques.

Or Galilée s'avança trop vite et trop loin, de façon inutilement provocatrice. Lui qui avait toujours vécu en cherchant, par nécessité, le soutien de la Cour tomba en disgrâce et connut un sort courant à son époque et en ces lieux. Pour citer Biagioli : « La carrière de Galilée fut soutenue puis brisée par [...] la dynamique du mécénat. [...] La dynamique qui conduisit aux difficultés de Galilée est typique d'une cour princière : c'est ce qu'on appelait "la disgrâce du favori". »

Il suffit, pour que soient remises en question nos trompeuses catégories modernes, que l'on se demande comment il se fait qu'un chef spirituel ait pu contraindre Galilée à quoi que ce soit. Pourquoi même le grand physicien consentit-il à plaider sa cause à Rome, devant un tribunal ecclésiastique ? Il faut garder à l'esprit que dans les années 1630 l'Italie n'existait pas comme pays et que le pape avait toute autorité séculière sur Rome et beaucoup des terres environnantes. Si Galilée dut comparaître devant le tribunal de l'Inquisition, c'est que cette juridiction incarnait la loi du pays, avec pouvoir de jugement et d'exécution. De plus, la cour papale était particulièrement versatile, comparée aux institutions princières qui dominaient d'autres territoires européens : les temps étaient particulièrement difficiles, car l'Église romaine devait faire face à la puissance croissante de la Réforme, en plein milieu de la dévastatrice guerre de Trente Ans ; le pape détenait un pouvoir particulier, représentant à la fois le pouvoir séculier sur certains territoires déterminés et l'autorité spirituelle en titre sur des territoires beaucoup plus étendus ; la cour romaine était à peu près la seule à ne pas devoir sa stabilité aux règles dynastiques de succession, car les nouveaux princes étaient désignés par élection et pouvaient même ne pas être issus de l'aristocratie ; enfin, la plupart des papes entraient en fonction tard dans leur vie, de sorte que le taux de rotation, pour ainsi dire, était fort élevé et que peu de titulaires régnaient suffisamment longtemps pour vraiment affermir leur pouvoir.

Ajoutons à ces circonstances le fait d'un esprit brillant et impétueux, qui avait déjà causé des embarras et venait maintenant s'attaquer à des directives papales explicites – ou du moins se montrait à leur égard délibérément et scandaleusement provocateur – en composant son nouvel ouvrage sous la forme d'un dialogue fictif entre deux antagonistes parlant d'égal à égal et en plaçant les arguments en faveur du géocentrisme (la position officielle de l'Église) dans la bouche d'un personnage dont le raisonnement correspondait parfaitement à son nom – Simplicio. La réaction d'Urbain VIII sera à juste titre réprouvée plus tard par les historiens, mais je n'ai aucun mal à comprendre qu'il se soit senti froissé, voire trahi – sentiments qui ne pouvaient qu'engendrer des conséquences graves, en cette époque où les sensibilités et les façons de faire étaient bien différentes des nôtres.

L'affaire Galilée reste puissamment présente, aujourd'hui comme hier, dans toutes les questions relatives à la science et à la religion (catholique). Je ne sais comment comprendre autrement l'immense surprise des commentateurs scientifiques – et les grands titres des journaux de tous les pays occidentaux – lors de la récente déclaration de Jean-Paul II à ce sujet[1], déclaration qui ne me parut pas avoir une grande portée, mais reconduit le soutien séculaire du catholicisme au principe de NOMA en général, et notamment à la légitime demande de prendre pour objet d'étude l'évolution de l'homme. Ainsi, ne savons-nous pas que le très conservateur Pie XII avait affirmé, dans son encyclique *Humani Generis*, publiée en 1950, que la théorie de l'évolution était une recherche valable ?

Ce texte considère l'évolution physique comme extérieure au magistère religieux, puis établit une distinction entre les concepts darwiniens et une question souvent amalgamée aux visées scientifiques mais relevant proprement du magistère de la religion, à savoir l'origine et la constitution de l'âme humaine. Cependant, une lecture et une étude plus détaillées me firent voir que la déclaration de Jean-Paul II en 1996 ajoutait une importante dimension au document de Pie XII, à un demi-siècle d'intervalle. Les détails de cette différence constituent mon exemple favori quant à la façon dont le principe de NOMA peut être utilisé et exploité par un chef religieux que l'on ne tient guère pour représenter, au sein de son magistère, l'avant-garde de la volonté de conciliation. Si le principe de NOMA définit la vision actuelle du descendant direct d'Urbain VIII, nous pouvons nous réjouir d'avoir trouvé là un réel consensus[2].

L'encyclique *Humani Generis*, document tout à fait traditionaliste, rédigé en 1950 par un homme profondément conservateur, considérait tous les « ismes » et toutes les tendances sceptiques surgis dans le sillage de la Seconde

1. *L'Église devant les recherches sur les origines de la vie et son évolution*, message à l'Académie pontificale des sciences. Texte original français dans l'*Osservatore Romano* du 24 octobre 1996, reproduit dans *La Documentation catholique*, 17 novembre 1996 *(NdT)*.
2. Le reste de cette section, consacré aux points de vue des papes sur la théorie de l'évolution, est adapté d'un essai publié antérieurement dans *Leonardo's Mountain of Clams and the Diet of Worms*, Crown, 1998 (traduction française à paraître aux Éditions du Seuil).

Guerre mondiale, et appelait à lutter pour retrouver la dignité humaine à partir des cendres de la Shoah. Le texte porte en sous-titre « Sur certaines opinions fausses qui menacent de ruiner les fondements de la doctrine catholique »[1] et commence par une déclaration de résistance :

> Que la famille humaine tout entière ne s'entende pas en matière religieuse et morale et qu'elle tende à se tenir loin de la vérité, c'est bien là pour tout homme honnête et plus encore pour tous les vrais fils de l'Église la raison d'une douleur très vive : en tous temps certes, mais combien plus aujourd'hui que nous voyons les coups frapper de toutes parts les principes mêmes de la formation chrétienne.

Pie XII fustige successivement divers ennemis extérieurs : le panthéisme, l'existentialisme, le matérialisme dialectique, l'historicisme et bien sûr, plus que tout autre, le communisme. Il note ensuite avec tristesse qu'à l'intérieur même de l'Église des personnes pourtant bien intentionnées ont sombré dans un dangereux « relativisme » afin d'inclure ceux qui aspirent à embrasser la religion chrétienne, mais ne souhaitent pas accepter spécifiquement le magistère catholique.

Il mentionne tout d'abord la théorie de l'évolution pour en déplorer l'extension abusive chez les plus fervents tenants des « ismes » qu'il met en cause :

> C'est bien eux qui prétendent que le système dit de l'évolution s'applique à l'origine de toutes les choses. [...] Or, très précisément, c'est de ce postulat que se servent les partisans du communisme pour faire triompher et propager leur matérialisme dialectique dans le but d'arracher des âmes toute idée de Dieu.

1. Pierre Téqui Éditeur *(NdT)*.

Pie XII présente sa principale assertion sur l'évolution presque à la fin de l'encyclique, aux paragraphes 35 à 37. Il accepte la version classique du principe de NOMA et commence par reconnaître que la théorie de l'évolution se trouve dans un secteur difficile, où les deux domaines exercent une forte pression l'un sur l'autre : « Il nous reste à dire un mot des sciences qu'on dit positives, mais qui sont plus ou moins connexes avec les vérités de la foi chrétienne. »

(Il est intéressant de noter que ce paragraphe et les suivants ne visent pas tant la théorie de l'évolution en général, mais entendent réfuter une théorie que Pie XII appelle « polygénisme », à savoir l'idée que l'ascendance humaine renverrait à de multiples ancêtres – il considère en effet que cela serait incompatible avec la doctrine du péché originel, « lequel procède d'un péché réellement commis par une seule personne Adam et, transmis à tous par génération, se trouve en chacun comme sien ». Peut-être que sur ce point Pie XII transgresse effectivement le principe de NOMA, mais je ne suis pas bien en mesure d'en juger, connaissant insuffisamment le détail de la théologie catholique pour savoir dans quelle mesure cette assertion peut être entendue symboliquement. Cependant, si vraiment Pie XII affirme là que l'on ne peut soutenir une théorie faisant descendre tous les hommes modernes d'une population ancestrale et non d'un unique ancêtre – question de fait –, parce que cette idée remettrait en cause la doctrine du péché originel – construction théologique –, en effet je le déclarerais hors jeu, pour avoir laissé le magistère de la religion dicter une conclusion au magistère de la science.)

Le pape écrit ensuite les phrases bien connues qui permettent aux catholiques d'admettre l'évolution pour ce qui est des corps humains (question factuelle relevant du magistère de la science) aussi longtemps qu'ils reconnaî-

tront la création et l'infusion divine de l'âme (notion théologique relevant du magistère de la religion).

> C'est pourquoi le magistère de l'Église n'interdit pas que
> la doctrine de l'« évolution », dans la mesure où elle
> recherche l'origine du corps humain à partir d'une matière
> déjà existante et vivante – car la foi catholique nous
> ordonne de maintenir la création immédiate des âmes par
> Dieu –, soit l'objet, dans l'état actuel des sciences et de la
> théologie, d'enquêtes et de débat entre les savants de l'un
> et de l'autre parti.

Jusque-là, je ne trouvais rien de surprenant dans
Humani Generis, et je restais tout surpris d'entendre
dire que le texte de Jean-Paul II apportait une nouveauté.
Mais, en poursuivant ma lecture, je m'aperçus que Pie XII
avait dit encore d'autres choses sur l'évolution, que
je n'avais jamais vues citées et qui effectivement rendaient
tout à fait intéressant le commentaire de Jean-Paul II. Pour
le résumer en deux mots, Pie XII proclame vigoureusement que la théorie de l'évolution est sans doute admis-
sible dans son principe, mais qu'elle n'a pas été prouvée
dans les faits et pourrait bien être totalement erronée. On
a fortement l'impression, en outre, qu'il penche très fort
pour un verdict négatif. Juste après notre dernière citation,
il nous conseille sur la bonne manière de considérer l'évolution :

> Il faut pourtant que les raisons de chaque opinion, celle
> des partisans comme celle des adversaires, soient pesées
> et jugées avec le sérieux, la modération et la retenue qui
> s'imposent. [...] Cette liberté de discussion, certains
> cependant la violent trop témérairement : ne se compor-
> tent-ils pas comme si l'origine du corps humain à partir
> d'une matière déjà existante et vivante était à cette heure
> absolument certaine et pleinement démontrée par les

81

indices jusqu'ici découverts et par ce que le raisonnement
en a déduit ; et comme si rien dans les sources de la révélation divine n'imposait sur ce point la plus grande prudence et la plus grande modération ?

En bref, Pie XII admet le principe de NOMA et autorise
les catholiques à adhérer à l'hypothèse de l'évolution
concernant le corps humain à la condition qu'ils reconnaissent l'infusion divine de l'âme. Mais il adresse ensuite
une saint-paternelle recommandation aux scientifiques,
concernant le statut de la théorie de l'évolution comme
conception scientifique : celle-ci n'est pas encore prouvée,
vous devriez tous vous montrer particulièrement prudents
car cette théorie soulève nombre de questions troublantes
aux lisières de mon magistère. On peut lire cette mise
en garde de deux façons bien différentes : comme une
incursion injustifiée dans un autre magistère, ou comme
l'utile contribution extérieure d'un esprit intelligent et
attentif.

Toujours est-il que c'est cette seconde affirmation, rarement citée, selon laquelle la théorie de l'évolution reste
non prouvée et quelque peu dangereuse – bien plus que la
reconnaissance du principe de NOMA, bien connue, permettant aux catholiques d'accepter l'évolution s'agissant
du corps, pour autant qu'ils admettent la création divine
de l'âme –, qui fait toute la nouveauté et tout l'intérêt de la
récente intervention de Jean-Paul II.

Celui-ci commence par résumer l'encyclique *Humani
Generis*, et notamment par réaffirmer le principe de NOMA
– jusque-là, rien de bien neuf ni de spectaculaire.

> Dans son encyclique *Humani Generis* (1950), mon prédé-
> cesseur Pie XII avait déjà affirmé qu'il n'y avait pas d'op-
> position entre l'évolution et la doctrine de la foi sur
> l'homme et sur sa vocation.

La nouveauté et l'apport propre de Jean-Paul II tiennent bien davantage à la profonde révision qu'il fait de la seconde thèse de Pie XII, rarement citée, selon laquelle la théorie de l'évolution, concevable en principe et conciliable avec la religion, ne ferait état que de bien peu d'éléments concrets et pourrait bien être fausse. Jean-Paul II affirme – ce à quoi je ne peux que dire *amen*, en le remerciant d'avoir remarqué la chose – que le demi-siècle écoulé entre l'année où Pie XII contemplait le désastre de la Seconde Guerre mondiale et son propre pontificat, venant à l'aube d'un nouveau millénaire, a connu un tel amoncellement de nouvelles données, et un tel affinement de la théorie, que celle-ci ne peut plus être mise en doute par les hommes de bonne volonté et d'esprit alerte :

> Pie XII ajoutait [...] : qu'on n'adopte pas cette opinion comme s'il s'agissait d'une doctrine certaine et démontrée. [...] Aujourd'hui, après la parution de l'Encyclique, de nouvelles connaissances conduisent à reconnaître dans la théorie de l'évolution plus qu'une hypothèse. Il est en effet remarquable que cette théorie se soit progressivement imposée à l'esprit des chercheurs, à la suite d'une série de découvertes faites dans diverses disciplines du savoir. La convergence, nullement recherchée ou programmée, des résultats de travaux menés indépendamment les uns des autres constitue par elle-même un argument significatif en faveur de cette théorie.

Pie XII, donc, avait reconnu à contrecœur l'évolution comme une hypothèse légitime, qu'il considérait comme nullement démontrée et dont il souhaitait en fait qu'elle soit fausse. Jean-Paul II, près de cinquante ans plus tard, réaffirme la légitimité de cette même théorie conformément au principe de NOMA, mais ajoute que la progression de la recherche factuelle et de la théorie ne permet plus de douter qu'elle soit exacte. Les chrétiens sincères peuvent maintenant l'accepter non seulement comme une possibilité, mais encore comme un fait établi. En d'autres termes, la position officielle de Rome est passée d'un « Disons qu'il n'en est pas ainsi, mais nous nous arrangerons si nécessaire » (la position embarrassée de Pie XII en 1950) au chaleureux accueil de Jean-Paul II : « Cette théorie s'est révélée exacte ; nous glorifions toujours les faits de la Nature, et nous espérons d'intéressants débats sur leurs implications théologiques. » Je reçois avec joie cette avancée comme parole d'Évangile – c'est-à-dire, littéralement, comme bonne nouvelle. Si pour ma part je relève du magistère de la science, je n'en accueille pas moins avec plaisir le soutien d'un éminent dirigeant de l'autre magistère, dans notre existence complexe. Et je me souviens de la sagesse du roi Salomon : « Comme de l'eau fraîche pour une personne fatiguée, ainsi est une bonne nouvelle venue d'une terre lointaine » (Proverbes 25,25).

**Un prêtre peut aller
plus loin encore que Newton.**

Si le principe de NOMA ne fonctionnait pas et si la religion exigeait réellement le rejet d'importantes données factuelles en des points-clés contredisant le dogme théologique, comment les rangs des savants auraient-ils pu compter tant d'irréprochables ecclésiastiques, dûment ordonnés, ayant atteint les plus hauts niveaux de responsabilité et de réussite ? On peut citer Albert le Grand, le maître de Thomas d'Aquin et le plus judicieux commentateur médiéval en matière scientifique ; Nicholas Steno, auteur des textes fondamentaux de la géologie du XVIIᵉ siècle et qui devint évêque ; Lazzaro Spallanzani, physiologiste italien du XVIIIᵉ siècle qui réfuta, par d'élégantes expériences, les derniers arguments sérieux en faveur de la génération spontanée ; l'abbé Breuil, le plus fameux spécialiste, en ce siècle même, de l'art pariétal du paléolithique [1].

Selon la vision éculée de la guerre entre magistères, la science aurait commencé son inexorable expansion, au détriment de la religion, à la fin du XVIIᵉ siècle, période remarquable désignée par les historiens comme « *la* révolution scientifique ». Chacun d'entre nous honore le symbole majeur de ce nouvel ordre en la personne d'Isaac Newton, dont les prouesses furent condensées par son contemporain Alexander Pope dans ce distique acéré :

La Nature et ses lois gisaient cachées dans les ténèbres
Dieu dit : « Que Newton soit », et tout s'illumina.

Aussi bien des gens sont-ils surpris de découvrir – quoique le grand homme n'eût aucunement cherché à dissimuler ses convictions – que, à l'instar de nombreux membres éminents de son entourage, Newton était un fervent théiste. Il consacra beaucoup plus de temps à parfaire ses exégèses des prophéties de Daniel et de Jean et à tenter de rapprocher la chronologie biblique des traditions d'autres peuples de l'Antiquité qu'à faire de la physique.

Les scientifiques à fortes convictions théologiques ont adopté le principe de NOMA selon des styles divers – allant depuis l'argument du « Dieu horloger » généralement suivi par les contemporains de Newton jusqu'au « matérialisme de paillasse » de la plupart des scientifiques croyants d'aujourd'hui. Ceux-ci estiment que les questions « profondes » sur les significations ultimes échappent au domaine de la science et relèvent de la réflexion religieuse, cependant que les méthodes scientifiques, fondées

---

1. Sans oublier l'abbé Lemaître, l'un des fondateurs de la cosmologie moderne ; cf. A. Friedmann et G. Lemaître, *Essais de cosmologie*, édités par J.-P. Luminet, Éd. du Seuil, 1998 *(NdE)*.

sur l'invariance spatio-temporelle des lois naturelles, s'appliquent à toutes les questions susceptibles de solution concernant les faits de la Nature. Aussi longtemps que les croyances religieuses ne dicteront pas de réponses explicites à des questions empiriques et ne s'opposeront pas à la reconnaissance de faits avérés, même les scientifiques les plus pieux ne devraient avoir aucune difficulté pour poursuivre leur travail quotidien avec zèle.

Le premier commandement de toutes les versions du principe de NOMA peut se résumer en ces termes : « Tu ne mêleras point les magistères en prétendant que Dieu ordonne directement d'importants événements de l'histoire de la Nature par une intervention connaissable uniquement par révélation et inaccessible à la science. » Dans le langage courant, une telle intervention particulière est désignée comme « miracle » – et définie, au niveau factuel, comme une suspension singulière et temporaire de la loi naturelle par un décret divin qui modifie les faits de la Nature[1]. Le principe de NOMA, sans nul doute, impose cette limitation à nos conceptions de Dieu, tout comme il impose de fortes restrictions aux visées impérialistes de beaucoup de scientifiques – en particulier, il écarte toute prétention à une compétence morale fondée sur une meilleure connaissance de vérités factuelles, quel que soit le domaine propre à celles-ci.

Tous les consensus de ce type se développent lentement, à partir de premiers rudiments, jusqu'à ce que certaines distinctions viennent clarifier et affirmer les choses. Aux premiers temps de la science moderne, la nécessité conceptuelle de laisser les miracles en dehors de ce magistère encore naissant n'était pas pleinement articulée, de sorte que la question souleva beaucoup de discussions, qui

---

1. Je sais bien que certains utilisent le mot « miracle » en d'autres sens qui ne contreviennent pas nécessairement au principe de NOMA, mais je reprends ici la définition classique.

devaient se résoudre dans les termes que je viens de dire. Seul le rôle direct de Dieu dans la création des espèces vivantes se maintint comme dernier bastion, longtemps après que l'idée d'action miraculeuse eut été abandonnée pour tout le reste du règne naturel. Il est curieux de voir que Newton lui-même avait un point de vue fort indulgent sur la possibilité d'intégrer les miracles dans le discours scientifique. Il reconnaissait, sans nul doute, les vertus explicatives d'un Dieu tenu par les lois établies par Lui-même, mais n'en considérait pas moins comme inutilement présomptueux, pour les explorateurs de l'ordre naturel, de restreindre ainsi l'éventail des possibles actions divines. Si Dieu souhaitait suspendre ces lois un instant, pour une irruption créatrice, Il pourrait faire exactement comme Il le souhaiterait, et les scientifiques devraient seulement poursuivre du mieux possible leur travail d'explication.

Il est intéressant de noter que l'opposition la plus tranchée à cette latitude concédée au sein de la science, magistère naissant, et la plus forte argumentation pour définir les miracles comme rigoureusement hors d'atteinte de l'investigation scientifique furent le fait d'un très éminent ecclésiastique qui faisait lui aussi partie de l'orbite des grands scientifiques liés à Newton : le révérend Thomas Burnet, déjà salué dans notre première partie. L'ironie qui voit un ministre du culte apparaître comme le plus ferme soutien du principe de NOMA, en opposition ouverte au point de vue plus accommodant qui était celui de Newton, devrait nous convaincre que les magistères n'ont nullement besoin de se trouver en conflit, et qu'un théologien professionnel peut aussi faire un scientifique excellent et tout à fait résolu.

Newton, qui venait juste de lire *Théorie sacrée de la Terre*, de son ami Burnet, lui écrivit en janvier 1861 pour le féliciter mais aussi lui faire quelques critiques. En particulier, il indiquait que la difficulté de faire entrer l'œuvre initiale de la Création divine dans un délai de six jours pouvait être levée en supposant que la Terre tournait alors beaucoup plus lentement, de sorte que les « jours » auraient été beaucoup plus longs. Burnet lui répondit immédiatement, dans une lettre passionnée :

> C'est votre amabilité qui vous vaut le désagrément de cette longue lettre, que je me devais de faire en voyant que vous aviez insisté [...] sur la nécessité de reconnaître l'hexaméron de Moïse comme une description physique. [...] C'est pour montrer le contraire [...] que ma lettre s'est enflée à ce point.

Burnet, pour sa part, n'était aucunement gêné par les six jours de la Genèse, car il était depuis longtemps partisan d'une interprétation allégorique de ce passage, faisant valoir en outre que la notion de jour ne pouvait être définie avant la création du Soleil, au quatrième « jour » seulement de la séquence biblique. Mais s'il rejetait l'exégèse de Newton, c'était pour une autre raison encore : il craignait que celui-ci, faute de trouver une explication naturelle à l'accélération de la rotation de la Terre – jusqu'à atteindre nos actuelles journées de vingt-quatre heures –, n'en vienne à invoquer une explication surnaturelle. Il écrivit à Newton :

> Mais si les révolutions de la Terre étaient si lentes au début, comment sont-elles devenues plus rapides ? Pour des raisons naturelles ou surnaturelles ?

Burnet opposait aussi d'autres objections à la façon de voir de Newton : ces longues journées du début du monde allongeraient la durée de vie des patriarches encore au-delà des problématiques 969 ans de Mathusalem ; de même, les animaux auraient sans doute apprécié les longues journées ensoleillées, mais les nuits interminables leur auraient paru terribles :

Si le jour était si long, combien funestes devaient être les nuits !

Newton répondit immédiatement aux critiques méthodologiques de Burnet, sachant que son ami entendait écarter tout raisonnement scientifique fondé sur le miracle – question de loin plus importante que le problème particulier de la longueur des journées de la Création. Il lui écrivit, confirmant les pires craintes de Burnet :

> Lorsque des causes naturelles sont accessibles, Dieu les utilise comme instruments de ses œuvres, mais je ne les crois pas suffisantes à elles seules pour la Création, aussi je demande de supposer que, entre autres choses, Dieu a imprimé à la Terre son mouvement selon les degrés et les époques qui convenaient le mieux aux créatures.

Et il ajoutait, pour répondre à la préoccupation de Burnet sur ces longues nuits et leur effet sur les organismes primitifs :

> Et pourquoi les oiseaux et les poissons ne pourraient-ils supporter une seule longue nuit aussi bien qu'ils le font souvent, ainsi que d'autres animaux, au Groenland ?

Newton, un des hommes les plus intelligents de toute notre histoire, marquait certainement un point contre Burnet en évoquant les formes de vie au-dessus du Cercle polaire arctique – un point pour les ours polaires, et un second pour les pingouins de l'Antarctique, auxquels on songe moins. Mais j'estime qu'il faut tenir l'argumentation de Burnet pour supérieure quand il plaide pour une proposition méthodologique aujourd'hui considérée comme capitale pour la définition de la science : le statut des miracles ne peut qu'échapper à celle-ci. Ainsi est-ce l'ecclésiastique, et non pas l'immense figure de la science moderne, qui apporte la défense la plus convaincante des procédures fondamentales permettant d'obtenir des réponses fécondes.

Un point pour le principe de NOMA.

Coda and Segue

J. S. Haldane (1860-1936), grand physiologiste écossais, profondément religieux[1], donna en 1927, aux Gifford Lectures de l'université de Glasgow, une série de conférences sur les rapports entre science et philosophie. Il consacra son exposé « Les sciences et la religion » à la formule optimale que constitue le principe de NOMA et à ses implications, pour les penseurs religieux, sur la question des miracles et les explications du monde naturel. Il commença par ces phrases :

> On s'imagine souvent que les sciences [...] sont par essence incompatibles avec la religion. C'est actuellement une opinion largement répandue, qui à première vue semble assez bien fondée ; et cette opinion est certainement courante aussi parmi les scientifiques eux-mêmes, quoiqu'ils ne puissent en dire grand-chose par respect pour ceux qui entretiennent des croyances religieuses et dont ils admirent la vie.

Haldane désigne ensuite comme principal obstacle au principe de NOMA la confusion de toutes les formes de croyance religieuse avec l'affirmation particulière selon

---

1. Par ailleurs père de J. B. S. Haldane, biologiste et théoricien de l'évolution encore plus célèbre, qui pour sa part devait tendre à la radicalité en politique et à l'athéisme en théologie.

laquelle une bonne part de la Nature matérielle aurait été façonnée par des miracles, inaccessibles par principe à l'étude scientifique. Cette thèse mélange effectivement les deux magistères en présence et ne peut que rejeter le principe de NOMA :

> Pour ceux qui croyaient que la religion dépend d'une croyance en l'intervention surnaturelle, elle semblait condamnée à mourir comme d'autres superstitions. Le fait est pourtant que la religion a continué à attirer les hommes aussi fortement qu'auparavant, sinon davantage. [...] Je crois pouvoir en faire comprendre la raison sous-jacente : si mon raisonnement est juste, il n'existe en fait entre la religion et la croyance en des événements surnaturels aucun rapport d'aucune sorte.

Enfin, Haldane souligne que sa position vis-à-vis des miracles découle de son engagement religieux profond et actif, nullement d'une intention protectrice à l'égard de son magistère propre :

> Si je puis mettre tout mon cœur dans cette tentative [formuler la véritable relation entre science et religion], c'est que personne ne ressent plus fort que moi que la religion est la chose la plus importante de la vie, et que derrière les Églises reconnues se trouve une Église non reconnue de laquelle tout relève, quoique les événements surnaturels ne jouent aucun rôle dans ce credo.

Le raisonnement de Haldane fait ressortir la solidité du principe de NOMA et constitue une introduction appropriée à la seconde moitié de cet ouvrage, où je m'interroge sur la raison pour laquelle tant de gens continuent de rejeter une solution si humaine, si raisonnable et merveilleusement commode au plus grand faux problème de notre temps. Le principe de NOMA n'est pas une position craintive, plaquée, superficielle, une pure fiction diplomatique, un écran de fumée pour faciliter la vie par un compromis, dans notre monde de passions diverses et contradictoires. Le principe de NOMA est une solution adéquate et rigoureuse, fondée sur une saine philosophie, à un problème d'un grand poids historique et émotionnel. Le principe de NOMA est têtu, il force au dialogue et au respect entre des engagements fondamentaux mais différents. Le principe de NOMA refuse toute fausse solution du genre : « Je suis sympa, tu es sympa, évitons donc de parler de science et de religion. »

De ce fait, le principe de NOMA impose des exigences que certains trouvent très difficiles à accepter. En particulier, bien qu'il affirme fortement l'importance de la religion en général, il conteste certaines versions assez répandues de la croyance religieuse. Le principe de NOMA interdit effectivement toute intrusion dans certains domaines que les scientifiques affectionnent particulièrement et entendent bien régenter. Par exemple, si votre formule religieuse personnelle exige que vous croyiez que l'âge de la Terre ne peut dépasser quelque dix mille années (parce que vous avez opté pour une lecture littérale de la Genèse, quoi que puisse signifier cette entreprise), vous dérogez au principe de NOMA – car vous tentez d'imposer une lecture dogmatique et très particulière d'un certain texte, concernant un problème factuel relevant du magistère de la science et fort bien résolu, avec un résultat tout différent : plusieurs milliards d'années.

Les égarements de ce genre d'extrémisme fondamentaliste ne sont pas difficiles à repérer, mais que penser de cette autre violation plus subtile du principe de NOMA, que l'on rencontre fréquemment : celle des croyants dont la notion de Dieu exige que Celui-ci soit personnellement concerné par l'existence de toutes Ses créatures – bien plus donc qu'un invisible et impérieux Horloger ? Ces dévots vont souvent plus loin encore, affirmant que leur

Dieu marquerait Son existence (et Sa sollicitude) par diverses manifestations factuelles dans le cadre naturel, susceptibles de contredire les découvertes de la science. Or, alors même que la science n'a rien à redire au besoin que peut avoir quelqu'un de croire à une telle conception personnalisée de la puissance divine, le principe de NOMA n'en exclut pas moins cette affirmation subsidiaire selon laquelle un tel Dieu devrait agencer les faits naturels de telle ou telle manière fixée, prédéterminée. Par exemple, si l'on croit qu'un Dieu suffisamment aimant devrait étendre Sa main en parsemant la Nature de miracles palpables, ou qu'Il ne devrait permettre à l'évolution de fonctionner que de manière contraire aux faits de l'histoire fossile (qui témoigne notamment d'un progrès linéaire, lent et régulier, vers *Homo sapiens*), cela signifie qu'une conception religieuse particulière, partisane – et minoritaire –, fait intrusion dans le magistère de la science en dictant des conclusions qui devraient rester ouvertes à la vérification empirique et à une éventuelle réfutation.

Mais, de la même façon, au scientifique qui estime avoir acquis le droit de déterminer l'utilité et le mode d'emploi d'une nouvelle invention, pouvant entraîner des changements sociaux, simplement parce qu'il a fait la découverte qui le permet et qu'il en sait plus que quiconque sur les détails techniques (et qui reçoit très mal les préoccupations morales de citoyens bien informés, qui insistent notamment pour que s'instaure un dialogue en vue d'une éventuelle régulation), à ce scientifique le principe de NOMA répond avec une semblable énergie que les faits de la Nature ne sauraient déterminer la base morale de l'utilité : un scientifique n'a pas plus le droit de revendiquer un semblable pouvoir que son homologue fondamentaliste de tenter de dicter son opinion quant à l'âge de la Terre.

Ainsi donc, le principe de NOMA a un rôle de vigilance, non pas de déclaration, et ne peut espérer obtenir un consensus royal, parmi la liesse et les *hosannas* de tous. Cependant, son approbation ne peut être que libératrice et enrichissante pour tous ceux qui recherchent la sagesse.

III

Raisons historiques
du conflit

Pourquoi
tant de virulence ?

Andrew Dickson White (1832-1918), premier président de l'université Cornell, fut également ambassadeur des États-Unis en Russie dans le milieu des années 1880. Peu après, en 1896, il publia un ouvrage en deux tomes qui devint un des textes les plus influents de la fin du siècle : *Histoire de la guerre de la science contre la théologie dans la chrétienté*. White commence son exposé par une métaphore tirée d'un souvenir de Russie. En un début d'avril, il regardait de sa chambre surplombant la Neva, à Saint-Pétersbourg, une multitude de paysans armés de pioches et travaillant à disloquer la barrière de glace qui endiguait encore le fleuve, alors que le dégel printanier approchait. Les paysans taillaient dans la glace des centaines de petits canaux afin que la crue de la rivière puisse s'y écouler doucement, au lieu qu'un flot énorme fasse sauter les digues après une rupture brutale de toute la barrière :

> Les eaux de milliers de petits ruisseaux grossissant en surface font pression sur la glace ; décombres et détritus s'entassent par-dessus ; chacun sait que la glace doit céder. Le danger serait qu'elle se brise d'un seul coup, arrachant de leurs fondations jusqu'aux quais de granit et provoquant une dévastation qui toucherait une vaste population. [...] Ces patients moujiks faisaient ce qu'il fallait faire. La barrière de glace, de plus en plus exposée à la tiédeur du

printemps grâce aux canaux qu'ils ouvrent, va céder et disparaître peu à peu, de sorte que le fleuve pourra couler dans sa bienfaisante beauté.

Dans la complexe métaphore de White, le cours du fleuve représente le progrès humain : la théologie pose une chape de glace sur les découvertes de la science, mais le progrès ne peut être entravé indéfiniment. Si la théologie n'abandonne pas le contrôle qu'elle exerçait auparavant sur le magistère de la science, la religion succombera malgré tous ses mérites à une explosion culturelle ou politique, dévastatrice pour toute l'humanité. Si en revanche la théologie – de façon posée et réfléchie, pas à pas – cède le territoire contesté du savoir à ses occupants légitimes, alors le fleuve du progrès pourra s'écouler à l'aise, telle la Neva qui ne provoquera pas d'inondation si les moujiks creusent suffisamment de petits canaux dans la cuirasse de glace.

Il est intéressant de noter que White ne formulait pas sa thèse sur la guerre entre science et religion principalement pour faire avancer la cause de la science, mais bien plutôt pour sauver la religion de ses propres ennemis internes. Tentant de faire de Cornell une université sans affiliation particulière, White avait été sérieusement affecté par l'opposition du clergé local, qui considérait pareille institution séculière comme l'œuvre du diable. Il écrivit à cette occasion :

L'opposition se manifesta immédiatement [...] depuis le bon évêque protestant qui proclama que tous les enseignants devaient être ordonnés, car l'Église seule avait reçu l'injonction « Allez, faites de toutes les nations des disciples », jusqu'au prêtre zélé qui publia un texte d'accusation selon lequel [...] un savant profondément chrétien était venu à Cornell pour inculquer l'infidélité [...] ; de l'éminent prédicateur qui allait de ville en ville dénonçant « les tendances athées et panthéistes » de l'éducation proposée, jusqu'au pasteur exalté qui fit savoir qu'Agassiz, le dernier grand adversaire de Darwin, et homme d'une grande dévotion, « prêchait le darwinisme et l'athéisme » dans la nouvelle institution.

White, lui-même pratiquant et davantage attaché à la religion qu'à la science, dit de sa collaboration avec Ezra Cornell : « Loin de chercher à faire du tort au christianisme, nous cherchions l'un et l'autre à le soutenir ; mais nous ne voulions pas confondre religion et sectarisme. » Il présentait ainsi sa thèse de fond, dans l'introduction de son ouvrage :

> Tout au long de l'histoire moderne, l'interférence avec la science, qui entendait très honnêtement servir l'intérêt de la religion, a entraîné les plus grands maux tant pour la religion que pour la science. [...] Au contraire, la recherche scientifique indépendante, si dangereuse pour la religion qu'elle ait pu paraître sur le moment, a toujours donné d'excellents résultats et pour la religion et pour la science.

On ne peut qu'applaudir les intentions de White, mais son modèle, trop influent, d'une guerre entre deux forces inexorablement opposées se disputant le même territoire – lieu commun de la fin du XIXe siècle et, ce qui ne manque pas d'ironie, métaphore fortement inspirée par la lecture triviale d'expressions darwiniennes telles que « lutte pour l'existence » ou « survie des plus aptes » – a entraîné des conséquences malheureuses dans l'interminable discussion sur les rapports entre science et religion. Alors qu'il entendait seulement fustiger la théologie dogmatique – et ce, nous l'avons dit, en faveur de la vraie religion –, sa thèse a généralement été reçue, de façon superficielle et partiale, comme l'affirmation que le progrès de l'humanité exige la victoire de la science sur toute l'institution de la religion.

Cette regrettable confusion se retrouve à propos d'un autre ouvrage marquant du même genre littéraire, antérieur à celui de White et tout aussi réputé à l'époque, celui du médecin John William Draper, historien à ses heures perdues, intitulé *Histoire du conflit entre la religion et la science*. Draper, qui était beaucoup moins subtil que White et beaucoup moins proche de la religion, s'attaquait lui aussi à la « théologie dogmatique et sectaire ». Mais son texte peut à juste titre être considéré comme une attaque contre la religion, ou du moins contre une religion particulière. En effet, s'il gardait l'espoir d'une relation de soutien mutuel entre la science et le protestantisme, il reprenait avec force un préjugé, trop courant et fort virulent parmi les Nord-Américains aisés de son époque, à l'encontre du catholicisme professé par la plupart des immigrants pauvres, les crasseux qui menaçaient de noyer la nation originaire.

Le modèle de NOMA devrait nous paraître on ne peut plus logique et humain, et tout à fait erroné et simpliste le modèle opposé d'une guerre entre science et religion ; il n'en reste pas moins certain que nombre de cas marquants d'interaction entre ces deux institutions relèvent bel et bien de la guerre ouverte. Comment alors défendre le principe de NOMA si les leçons de l'histoire réelle paraissent les démentir à ce point ? Je crois que quatre raisons majeures – considérations historiques ou psychologiques, bien plus qu'arguments décisifs en faveur d'un objectif souhaitable et tout à fait accessible – peuvent expliquer cette anomalie et nous aider à comprendre pourquoi une thèse aussi méritoire que celle du principe de NOMA continue à rencontrer tant d'obstacles pour se voir approuvée ou être seulement comprise.

1. Comme nous l'avons déjà indiqué, et en schématisant un peu cette affaire sans pour autant en dénaturer le fond,

l'esprit humain ne peut s'empêcher de s'interroger sur la nature des choses, à la fois pour des raisons pratiques (que l'on songe à l'agriculture ou à la navigation) et pour des motifs plus généraux tenant à notre penchant à l'émerveillement – ainsi de questions comme : pourquoi le soleil brille-t-il ? pourquoi l'herbe est-elle verte ? Dans le passé de la plupart des cultures occidentales, quand la science n'existait pas explicitement comme entreprise indépendante et qu'une perception plus uniforme de la nature des choses rassemblait tous les « pourquoi » sous la rubrique de la religion, les problèmes appelant une solution factuelle et relevant aujourd'hui du magistère de la science restaient sous la coupe de la religion, entendue en un sens très large.

Les gardiens intellectuels de la religion ont souvent traité ces questions sur un mode que nous considérerions aujourd'hui comme scientifique – par exemple en observant et calculant les cycles astronomiques afin d'établir des calendriers à des fins tant pratiques que religieuses (que l'on songe à la difficulté de déterminer la date de fêtes telles que Pâques). Mais, faute de connaissances scientifiques et souvent par étroitesse ou dogmatisme, nombre d'autres questions qui relèvent aujourd'hui du magistère de la science reçurent des réponses autoritaires (« comment le saurais-je, sinon par ce que me dit la Bible ? ») ou obscures (« ce sont les anges »), contraires à l'esprit de NOMA.

La nature humaine comporte des traits admirables, tels que le penchant à l'émerveillement, mais nous sommes également commandés par des dispositions moins nobles, qui prennent la forme de principes d'action aussi courants que : « N'abandonne aucun pouvoir ni aucun territoire de ton plein gré, même si tu n'y détiens pas le moindre droit. » Je ne crois pas que nous devions creuser beaucoup plus profond pour comprendre pourquoi l'histoire nous montre souvent une guerre là où le principe de NOMA devrait prévaloir. Toutes les professions comptent dans leurs rangs des esprits dogmatiques et des trafiquants de pouvoir, qui atteignent souvent des positions influentes. La religion détenait jadis assez de pouvoir séculier pour attirer une large proportion de ces gens-là. Il s'est toujours trouvé beaucoup d'intellectuels religieux pour se réjouir de céder, à la légitime autorité de la science, des territoires qui ne leur appartenaient pas, mais d'autres – surtout dans les hauteurs de la hiérarchie – choisirent de ne pas reculer d'un pouce et de jouer le jeu éculé de la dichotomie pour qualifier le magistère de la science, alors naissant, de sinistre ramassis d'usurpateurs inspirés par le Diable – d'où la guerre effectivement fréquente de la science non pas avec la religion au sens plein du terme mais avec des formes particulières de celle-ci, qu'il conviendrait mieux de ranger sous l'étiquette de « théologie dogmatique » et qui vont à l'inverse de la conception la plus généralement admise de la religion, même si elles portent parfois l'appellation d'une doctrine spécifique.

2. Les principes généraux ne gouvernent pas toujours les cas particuliers. Les réalités de l'histoire ont provoqué de sérieux heurts entre institutions représentatives de la science et de la religion, cela sur beaucoup de questions d'espèce, alors même que la logique abstraite et la simple bonne volonté auraient dû induire la tolérance, sous l'égide du principe de NOMA. Et si l'on ne peut que reconnaître la virulence de plus d'une querelle entre certains chefs religieux et certaines conclusions scientifiques (ainsi de l'affaire Galilée, ou de notre lutte actuelle contre les créationnistes), il faut aussi songer aux guerres (parfois au sens littéral) de certains chefs religieux contre des forces politiquement opposées – lesquelles concernent toujours le territoire et le pouvoir, même quand elles sont présentées publiquement en termes doctrinaux.

Pour ne citer qu'un exemple flagrant, Draper et White – qui furent à l'origine du modèle le plus courant concernant le conflit entre science et religion – écrivirent leurs ouvrages en ayant présent à l'esprit un des grands drames de l'histoire européenne du XIXᵉ siècle : la longue bataille entre les fondateurs de l'État italien et l'un des personnages les plus fascinants et les plus énigmatiques de cette époque, le pape Pie IX – d'abord libéral puis, le temps passant, de plus en plus aigri et réactionnaire, et qui détient le record de longévité parmi tous les pontifes romains (il régna de 1846 jusqu'à sa mort, en 1878).

Peu après le début de son pontificat, par suite des révolutions de 1848, Pie IX fut contraint de s'exiler à Gaeta, dans le royaume de Naples (la nation italienne n'existait pas encore). Il revint au pouvoir en 1850 et mena jusqu'à la fin une action encore plus conservatrice et encore plus hostile face aux réalités politiques qui l'entouraient – l'apogée en fut le honteux *Syllabus* de 1864, où il énumérait les quatre-vingts « principales erreurs de notre temps » et déclarait vigoureusement la guerre à la société moderne, particulièrement sur les questions touchant à la science et à la tolérance religieuse. Pie IX convoqua en 1869 le premier Concile du Vatican, où ses manœuvres lui valurent une écrasante majorité en faveur de la doctrine de l'infaillibilité pontificale. (Le concile Vatican II, ouvert en 1962 sous le pontificat de Jean XXIII, devait poursuivre des fins toutes différentes et bien éloignées de l'affrontement.)

La nation italienne ayant été proclamée en 1861, la question du contrôle de Rome et des régions avoisinantes – où le pape gouvernait comme monarque séculier d'un territoire réel, autant que comme prince spirituel – ne pouvait rester longtemps ignorée. Le 20 septembre 1870, les troupes italiennes entrèrent dans Rome – la résistance de la Garde pontificale fut purement symbolique. Pie IX demeura au Vatican (petit territoire que l'Italie concéda à l'autorité pontificale – cette situation perdure encore aujourd'hui) pour le restant de sa vie, se plaignant amèrement que l'on eût amoindri son pouvoir et se proclamant prisonnier.

Cette affaire doit-elle être considérée comme un épisode de la guerre entre la religion et l'État moderne ? Ce serait ne rien comprendre à la complexité de l'histoire. Tout d'abord, il n'existe aucune entité monolithique que l'on puisse appeler « la religion ». En l'occurrence, la lutte se déroula essentiellement *à l'intérieur* de l'Église catholique, quand Pie IX l'emporta sur son aile libérale et la chassa de la hiérarchie. Par ailleurs, pourquoi donc voir en ces événements un épisode opposant la religion à l'État séculier moderne plutôt qu'un conflit entre deux pouvoirs politiques, chacun utilisant les instruments rhétoriques dont il disposait ? *A fortiori*, alors que cette lutte effective, concernant des territoires réels, entre une grande religion et une nation nouvelle ne peut être considérée comme une guerre entre institutions rivales par nature, pourquoi choisirions-nous ce modèle pour d'autres dialogues plus diffus, moins aisés à définir et, de façon générale, moins litigieux, entre science et religion ? Les ministres libéraux de toutes les grandes confessions ont toujours considéré la science avec bienveillance et respect, de même que beaucoup de scientifiques émérites demeurent tout à fait conformistes quant à leurs croyances religieuses.

3. Lorsque des conclusions scientifiques ont été rejetées par les tenants d'une position opposée, pour des motifs explicitement religieux, ça a presque toujours été à propos de questions touchant au nerf psychologique de nos espérances et de nos craintes les plus profondes – des questions telles que « Qu'est-ce que l'homme[1] pour que Tu t'en soucies ? ».

Il va de soi que les faits scientifiques ayant quelque rapport avec certains aspects de cette interrogation ne sau-

---

1. Ce qui veut dire chacun et chacune d'entre nous, malgré la formulation usuelle du Psaume 8.

raient résoudre les questions liées aux valeurs spirituelles ou aux significations ultimes – lesquelles relèvent du magistère de la religion. Mais la conclusion factuelle selon laquelle nous partageons la dernière étape de notre lignage avec des ancêtres simiens depuis quelque cinq à huit millions d'années fait lever les bras au ciel à beaucoup de gens qui n'ont pas su prendre en compte le principe de NOMA et craignent que tout ce qui échappe à la Création divine *ex nihilo* ne prive la vie humaine d'un statut privilégié, nécessaire à leur équilibre personnel dans un monde souvent effrayant. Or, si l'on peut considérer comme illogique telle sorte de réconfort que cherche autrui pour lui-même, on ne saurait en nier la réalité psychologique, ni même sa quasi-nécessité pour cet individu donné, face aux épreuves qui l'attendent. De telles croyances concernant des questions de fait ne peuvent être abandonnées facilement, même si la foi religieuse reste, en bonne logique, indépendante de toutes les découvertes de la science. Et que l'on n'oublie pas la vivifiante réponse que donne le Psaume 8 à la question brûlante évoquée ci-dessus :

> Tu lui as donné la domination sur les œuvres
> de tes mains,
> Tu as tout mis sous ses pieds,
> Les brebis comme les bœufs,
> Et les animaux des champs,
> Les oiseaux du ciel et les poissons de la mer,
> Tout ce qui parcourt les sentiers des mers.

4. Si la science et la religion, convenablement séparées par le principe de NOMA, restaient à bonne distance l'une de l'autre et cessaient à jamais de discuter des mêmes sujets, alors la longue histoire de ce conflit inutile et illogique pourrait peut-être se refermer. Mais, comme nous l'avons dit page 70, les deux magistères se tiennent tout près l'un de l'autre et sont intriqués de la façon la plus

intime et la plus complexe. Science et religion posent des questions différentes, séparées en pure logique, mais leurs sujets d'investigation sont souvent identiques – et, qui plus est, d'une extrême importance. Les deux magistères s'attachent à différents aspects de toutes nos questions les plus brûlantes. Puissent-ils le faire dans la paix et le soutien mutuel – non pas comme ces hommes qui servaient de chair à canon pendant la Première Guerre mondiale, creusant les tranchées d'un conflit absurde et apparemment interminable, envoyant des balles et des gaz toxiques sur de prétendus ennemis qui, comme tous les soldats, n'aspiraient qu'à quitter le champ de bataille pour retrouver une vie productive et gratifiante.

Christophe Colomb
et la Terre plate :
un exemple de quiproquo
sur la guerre entre science et religion

Chaque écolier connaît l'histoire de l'intrépide Christophe Colomb, qui découvrit l'Amérique à l'encontre de la conviction, quasi unanime, qu'il basculerait par-dessus le rebord de la Terre, puisque celle-ci était plate. Cette légende, la plus sotte et la plus évidemment fausse dans le vénérable genre des « leçons morales pour bambins », est le meilleur exemple que je connaisse pour montrer les dommages causés par le modèle erroné d'une guerre entre science et religion – car on peut faire remonter l'origine de ce mythe directement à la formulation de ce modèle par Draper et White.

Peut-être les généralités de la précédente section offrent-elles assez d'éléments pour faire admettre comme argument en faveur du principe de NOMA la fausseté du modèle opposé, celui de la prétendue guerre entre science et religion. Mais, essayiste dans l'âme, je crois que la meilleure illustration d'une généralité réside dans un « petit » exemple bien choisi et convenablement documenté – plutôt que dans un assaut frontal contre l'idée abstraite : cette seconde stratégie ne peut guère dépasser le rabâchage partisan si elle ne s'appuie pas sur des détails intéressants[1].

---

1. Une bonne part de cette section est issue d'un essai antérieur, « The Late Birth of a Flat Earth », publié dans *Dinosaur in a Haystack*, Harmony Books, 1995 (trad. fr. : *Les Quatre Antilopes de l'Apocalypse*, Éd. du Seuil, 2000).

Chacun sait que les lettrés grecs avaient établi la sphéricité de la Terre. Dans la cosmologie d'Aristote, la planète était ronde, et Ératosthène sut même en calculer la circonférence, au IIIᵉ siècle avant J.-C. Selon le mythe de la Terre plate, ces connaissances se seraient ensuite perdues, quand l'obscurantisme clérical s'abattit sur l'Europe. Pendant un millier d'années, presque tous les érudits auraient ainsi estimé que la Terre était plate – comme le sol d'une tente sous le dais du ciel, selon une métaphore biblique prise à la lettre. Puis la Renaissance aurait redécouvert la conception classique de la sphéricité, mais sa démonstration n'aurait été rendue possible que par la vaillance de Colomb et d'autres grands explorateurs qui, supposés parvenir jusqu'au rebord de la Terre, étaient (à commencer par l'expédition de Magellan) revenus de la direction opposée après avoir fait tout le tour du globe.

La version exemplaire de ce mythe, proposée aux écoliers, est centrée sur Christophe Colomb, censé avoir surmonté les calomnies d'une assemblée ecclésiastique dans une bataille épique qui aurait confronté à Salamanque liberté de pensée et dogmatisme religieux. Que l'on examine cette présentation tirée d'un manuel d'école primaire datant de 1887, soit peu de temps après l'invention de ce mythe (mais guère différent de récits que je lus moi-même étant enfant, dans les années cinquante) :

> « Mais si le monde est rond, dit Colomb, ce n'est pas l'enfer qui se trouve au-delà de cette mer tourmentée. On doit rencontrer là-bas les rives orientales de l'Asie, la Cathay de Marco Polo. » [...] Dans la salle du couvent était rassemblée cette imposante compagnie de moines tonsurés [...], de cardinaux en robes pourpres. [...] « Vous pensez que la Terre est ronde. [...] Ne voyez-vous pas que les Saints Pères de l'Église ont condamné cette croyance ? [...] Votre théorie paraît bel et bien hérétique. » Christophe Colomb dut trembler sur ses jambes en s'entendant

traiter d'hérétique, car la jeune Inquisition était en marche, et les hérétiques subissaient ses méthodes raffinées : on leur brisait les os, leur tenaillait les chairs, leur retournait les pouces, on les pendait, les brûlait, les mutilait [1].

Impressionnant, sans aucun doute, mais entièrement imaginaire. Il n'y eut jamais aucune époque d'obscurantisme de la Terre plate, du moins parmi les lettrés (autre chose est de savoir combien de gens dépourvus d'éducation concevaient la Terre ainsi – mais la question peut encore se poser aujourd'hui) : les connaissances des Grecs à cet égard ne disparurent jamais, et tous les grands érudits religieux du Moyen Âge acceptaient la sphéricité de la Terre comme un fait cosmologique bien établi. Il est exact que Ferdinand et Isabelle transmirent le projet de Christophe Colomb à une commission royale, dirigée par Hernando de Talavera, confesseur de la reine et, après la défaite des Maures, archevêque de Grenade ; il est exact que cette commission, composée de conseillers tant laïcs qu'ecclésiastiques, se réunit à Salamanque, entre autres lieux ; et il est exact que ces conseillers firent à Colomb certaines objections intellectuelles acérées. Mais aucun ne mit en question la sphéricité de la Terre. Leur principale critique était au contraire que Colomb ne pourrait atteindre les Indes dans le délai imparti, parce que la circonférence terrestre était trop longue. Cette critique était absolument fondée, car Christophe Colomb avait « trafiqué » ses données pour obtenir un globe plus petit et rendre plausible le projet de gagner les Indes. Inutile de préciser qu'il n'atteignit pas l'Asie, car c'était impossible ; et c'est par suite de cette erreur que les aborigènes d'Amérique sont toujours appelés « Indiens »...

---

1. Certaines des citations et une bonne part de la documentation de cette section proviennent de l'excellent ouvrage de l'historien J. B. Russell, *Inventing the Flat Earth*, Praeger, 1991.

À peu près tous les grands érudits chrétiens ont affirmé la sphéricité de notre planète. L'archidiacre Bède le Vénérable, au XVIIIe siècle, désignait la Terre comme *orbis in medio totius mundi positus* (« un orbe situé au centre de l'Univers »). Les traductions en latin de nombre de textes grecs et arabes, au XIIe siècle, répandirent largement chez les lettrés la connaissance des sciences de la Nature, particulièrement de l'astronomie – et les convainquirent que la Terre était ronde. Roger Bacon (1220-1292) et Thomas d'Aquin (1225-1274) proclamèrent cette sphéricité en se fondant sur Aristote et ses commentateurs arabes, tout comme les plus grands savants de la fin du Moyen Âge, tel Nicole d'Oresme (1320-1382). Tous ces hommes occupaient une charge ecclésiastique.

Qui donc pouvait soutenir que la Terre était plate, si tous les grands lettrés pensaient qu'elle était ronde ? Il n'est pas de crime sans criminel, et J. B. Russell a montré qu'un grand philosophe de la science, l'Anglais William Whewell, fut le premier à désigner les principaux coupables, dans son *History of the Inductive Sciences*, publiée en 1837 : deux personnages d'importance limitée, à savoir le Père de l'Église Lactance (245-325), dont on se souvient tout de même un peu, et le totalement obscur Cosmas Indicopleustes, qui rédigea son *Itinéraire chrétien* entre 547 et 549. Commentaire de Russell :

> Whewell a cité ces coupables [...] pour attester la croyance médiévale en une Terre plate, et à peu près tous les historiens lui ont emboîté le pas. Il leur aurait été difficile de trouver d'autres exemples.

Je possède un exemplaire des *Divinae institutiones* de Lactance, imprimé à Lyon en 1541. Cet ouvrage comporte en effet un chapitre intitulé *« De antipodibus »*, qui tourne en ridicule la notion d'une Terre ronde par des arguments bien connus sur les Australiens qui auraient les pieds en l'air, etc., arguments qui furent pris pour des traits d'humour dans ma classe de sixième. Lactance écrit :

> Quelqu'un peut-il être stupide au point de croire qu'il existe des hommes dont les membres se situent au-dessus de leurs têtes [...], que des arbres pourraient pousser à l'envers et que la pluie, la neige et la grêle remonteraient au lieu de tomber sur la terre ?

Cosmas, lui, plaidait pour une interprétation littérale de la métaphore biblique : la Terre comme plancher sous le plafond rectangulaire des cieux.

Les tenants du mythe de la Terre plate, n'ayant jamais pu récuser le témoignage parfaitement clair de Bède, Bacon, Thomas d'Aquin et d'autres, soutiennent que ces quelques rares hommes portaient courageusement le flambeau de la vérité au sein d'une obscurité générale. Mais l'absurdité de cette position saute aux yeux. Qui donc aurait représenté cette orthodoxie, ce consensus de l'ignorance ? Ces deux personnages secondaires qu'étaient Lactance et Indicopleustes ? Bède, Bacon, Thomas d'Aquin et leurs pareils n'étaient aucunement d'audacieux iconoclastes. C'étaient eux au contraire qui représentaient l'institution, et quant à la sphéricité de la Terre c'était leur position qui était canonique, celle de Lactance et Indicopleustes n'étant que marginale.

D'où surgit donc alors, et pour quelles raisons, le mythe selon lequel au Moyen Âge on aurait cru que la Terre était plate ? Le travail historiographique de J. B. Russell nous donne une assez bonne idée des dates et des personnages. Aucun des grands rationalistes anticléricaux du XVIIIᵉ siècle – Condillac, Condorcet ou Diderot en France, Gibbon ou Hume en Angleterre, Benjamin Franklin aux États-Unis, auteurs qui ne dissimulaient guère leur mépris pour les versions médiévales du christianisme – n'accusa les érudits chrétiens du Moyen Âge d'avoir soutenu cette thèse.

Washington Irving promouvait ce mythe dans sa présentation historique de Christophe Colomb, publiée en 1828 et
largement controuvée – mais qui ne trouva pas d'écho. La
légende se développa encore au cours du XIXe siècle, sans
pénétrer toutefois les domaines décisifs du folklore scolaire ou du baratin touristique. Russell, dans son intéressant examen des textes d'histoire destinés aux écoles
secondaires au XIXe siècle, montre qu'avant 1870 très rares
étaient ceux qui mentionnaient ce mythe de la Terre plate,
alors qu'après 1880 presque tous en faisaient état. Cela
nous permet de repérer avec précision son irruption dans
la culture générale.

C'est dans les mêmes années que se construit le modèle
selon lequel la guerre entre science et religion serait le fil
conducteur de l'histoire occidentale – les théories dua-
listes de ce genre ont toujours besoin de cas faussement
exemplaires et de légendes pour soutenir leurs affirmations. Ainsi, Russell considère que le mythe de la Terre
plate a acquis son statut canonique, en tant qu'apologie
primaire du triomphe de la science, dans le cadre de cette
fausse dichotomie de l'histoire occidentale. On n'imagine
pas meilleure fable pour les armées de la science. Selon
cette fable, l'obscurantisme religieux aurait détruit le
savoir des Grecs et nous aurait plongés dans un univers
d'angoisse, à force de dogmes incompatibles avec la ratio-
nalité et l'expérience. Aussi nos ancêtres auraient-ils vécu
dans la crainte, étouffés par l'irrationalité cléricale, redou-
tant que toute audace ne les fasse basculer par-dessus le
bord de la Terre dans la damnation éternelle. Ce compte
rendu répond à une intention précise mais reste totalement
insoutenable, puisque peu d'érudits chrétiens du Moyen
Âge avaient douté de la sphéricité de la Terre.

Dans la section précédente, j'ai fait remonter à la grande
influence des livres de Draper et de White le modèle d'une
guerre entre science et religion. L'un et l'autre de ces
auteurs se sont servis du mythe de la Terre plate comme

d'un exemple capital. Draper commence par établir ainsi sa thèse :

> L'histoire de la Science n'est pas le simple inventaire de découvertes isolées ; c'est le récit du conflit entre deux pouvoirs antagonistes. D'un côté la force expansive de l'intellect humain, de l'autre côté la constriction due à la foi traditionnelle et aux intérêts humains. [...] La foi est par nature immuable, stationnaire ; la science est par nature progressive ; leur divergence, impossible à dissimuler, devait à la fin se manifester.

Après ces propos mesurés, il se lance dans un anticatholicisme virulent – une quasi-proclamation de guerre :

> La civilisation moderne consentira-t-elle à abandonner la marche en avant qui lui a apporté tant de pouvoir et de bonheur ? [...] Se soumettra-t-elle aux injonctions d'un pouvoir [...] qui a maintenu l'Europe dans la stagnation pendant de longs siècles, réprimant férocement toute tentative de progrès par le bûcher et par l'épée ? Un pouvoir fondé sur une nuée de mystères, qui se place au-dessus de la raison et du sens commun ; qui proclame haut et fort la haine que lui inspirent la liberté de pensée et la liberté des institutions civiles. [...]
> Ainsi en est-on, en vérité, venu au point que le christianisme romain et la science sont reconnus par leurs adeptes respectifs comme absolument incompatibles ; ils ne peuvent coexister ; il faut que l'un ou l'autre capitule ; l'humanité doit faire son choix, elle ne peut conserver les deux.

On trouve des déclarations de guerre non moins intransigeantes du côté adverse ; ainsi cette proclamation du premier Concile du Vatican :

> Si quelqu'un dit qu'il ne peut pas y avoir de miracles [...] ou que les miracles ne peuvent jamais être connus avec

certitude ni servir à prouver efficacement l'origine de la religion chrétienne, qu'il soit anathème.

Si quelqu'un dit qu'on doit traiter les disciplines humaines avec une liberté telle que, même si leurs affirmations s'opposent à la doctrine révélée, elles peuvent être reconnues comme vraies et en peuvent être interdites par l'Église, qu'il soit anathème.

Si quelqu'un dit que les dogmes proposés par l'Église se voient donner parfois, par suite du progrès de la science, un sens différent de celui que l'Église a compris et comprend encore, qu'il soit anathème [1].

Des termes tout aussi virulents, sans aucun doute. Mais il faut se souvenir que ces foudres lancées de part et d'autre reflètent les réalités politiques d'une époque déterminée (cf. p. 104-105), bien plus que la rigueur logique d'argumentations cohérentes et immuables. La rude proclamation de Pie IX irrita les scientifiques, ce qui se comprend, mais chagrina aussi beaucoup, au sein même de l'Église, les libéraux et les partisans de la science. De plus, comme nous l'avons rapporté dans la deuxième partie (p. 77-84) à propos des récentes positions pontificales vis-à-vis de la théorie de l'évolution, l'Église catholique a renoncé depuis lors à cette attitude d'affrontement, issue d'un ensemble déterminé de circonstances historiques, et chaleureusement opté pour le principe de NOMA.

Draper mettait en avant le mythe de la Terre plate

---

1. Il s'agit respectivement des « canons » III,2, IV,2 et IV,3 de la constitution *Dei Filius*, promulguée au concile Vatican I le 24 avril 1870. On trouve ce texte dans Heinrich Denzinger, *Enchiridion Symbolorum*, recueil des textes officiels de l'Église catholique, paru au siècle dernier en Allemagne, complété et réédité sous la direction de Peter Hünermann en 1991 (trad. fr. sous la dir. de P. Hoffmann, *Symboles et Définitions de la foi catholique*, Cerf, 1996 ; pour le texte cité, p. 685-686) *[NdE]*.

comme un exemple notoire de l'aveuglement de la religion et de la puissance de progrès propre à la science :

> L'aspect évidemment circulaire de l'horizon, qui plonge dans la mer, l'apparition et la désapparition progressives des bateaux ne pouvaient manquer d'amener un marin intelligent à reconnaître que la Terre était un globe. Les écrits des astronomes et philosophes mahométans avaient accrédité cette doctrine dans toute l'Europe occidentale mais, comme on pouvait s'y attendre, elle fut reçue avec hostilité par les théologiens. [...] Les traditions et la politique interdisaient [à l'autorité papale] d'admettre une conception de la Terre qui ne la présentât pas comme plate, selon la révélation des Écritures.

Et Russell écrit, à propos du succès de l'ouvrage de Draper :

> *The History of the Conflict* est un ouvrage d'une immense importance, car pour la première fois un auteur influent déclarait explicitement que la science et la religion étaient en guerre, et le livre obtint un succès exceptionnel. Il fixa dans les esprits cultivés l'idée que « la science » représentait la liberté et le progrès, contre la superstition et l'oppression de « la religion ». Ce point de vue en arriva à devenir un lieu commun.

Le livre (postérieur) de White présente lui aussi Christophe Colomb comme un apôtre du rationalisme face au dogme théologique. Sur la théorie de la Terre plate de Cosmas Indicopleustes, par exemple, il écrit :

> Certains des hommes les plus en vue de l'Église se consacrèrent à l'étayer par de nouveaux textes et de nouvelles constructions théologiques ; la grande majorité des fidèles voyaient là un don direct du Tout-Puissant.

117

Tant Draper que White développèrent leur modèle fondamental, opposant science et théologie, dans le contexte de la lutte qui se dessinait à l'époque et que l'on n'imagine que trop bien dans cette perspective – la querelle sur l'évolution, plus précisément sur la conception profane de Darwin, fondée sur la sélection naturelle. Jamais aucune question, depuis l'affaire Galilée, n'avait autant mis à l'épreuve les notions traditionnelles relatives à la signification profonde de l'existence humaine – ne s'était donc tant approchée du domaine de la méditation religieuse. Il ne serait pas exagéré de dire que la révolution darwinienne a directement déclenché cette puissante vision dix-neuviémiste qui fait de l'histoire occidentale une guerre entre science et religion. White établit cette connexion de façon explicite (cf. p. 100-101) quand il parle d'Agassiz (fondateur du musée où je travaille aujourd'hui, et professeur invité à l'université Cornell). Du reste, le premier chapitre de son livre est consacré à la querelle sur l'évolution, c'est le second chapitre qui ouvre sur le mythe de la Terre plate.

Draper, plus étroitement encore, s'enveloppe d'une cape darwinienne. À la fin de sa préface, il signale cinq grands épisodes dans l'histoire de la lutte de la science contre la religion : la décadence du savoir classique et l'entrée dans l'âge des ténèbres ; l'épanouissement de la science aux débuts de l'Islam ; la bataille menée par Galilée contre l'Église catholique ; la Réforme (jugée positivement par l'anticatholique qu'est Draper) ; enfin, le combat pour le darwinisme. De fait, personne n'aurait pu se considérer mieux autorisé personnellement à soutenir ce point de vue, car Draper avait été le témoin involontaire – et, pourrait-on dire, l'instigateur – de l'incident le plus souvent cité concernant la lutte ouverte entre darwinisme et théologie. Chacun connaît le fameux affrontement qui opposa l'évêque Wilberforce et T. H. Huxley lors de l'assemblée de 1860 de la British Association. Mais qui donc sait que leur feu d'artifice verbal ne relevait pas de l'ordre du jour de cette assemblée, mais surgit durant la libre discussion qui suivit l'exposé officiellement prévu pour cette réunion – à savoir une adresse du Dr Draper sur « le développement intellectuel de l'Europe, considéré par rapport aux conceptions de M. Darwin » ?

Ce lien entre les controverses sur le darwinisme et la construction par Draper et White du mythe d'une guerre entre science et religion – baudruche qu'il convient de dégonfler au profit du principe de NOMA – me permet une transition en douceur vers une polémique incontournable, concernant une bataille bien américaine, très rude et toujours d'actualité, entre données scientifiques et prétentions d'inspiration religieuse : les efforts des fondamentalistes qui depuis plus de soixante-dix ans de litige, s'appuyant sur la Bible, tentent de proscrire l'enseignement de la théorie de l'évolution dans les écoles publiques américaines, ou du moins d'obtenir, dans toutes les classes où l'on parle de l'évolution, un « temps égal » pour exposer les thèses créationnistes fondées sur une lecture littérale de la chronologie biblique (selon laquelle l'âge de la Terre ne dépasserait pas 10 000 ans). Si cette bataille a joué un si grand rôle dans l'histoire culturelle américaine du XXe siècle, et dévoré beaucoup de temps libre à nombre de scientifiques (dont votre serviteur) soucieux de défendre le premier amendement de la Constitution [1] et d'empêcher que la loi prescrive l'enseignement d'absurdités manifestes, comment donc défendre le principe de NOMA comme autre chose qu'un doux rêve utopique ?

---

1. Le premier amendement de la Constitution des États-Unis proclame la séparation de l'Église et de l'État *(NdT)*.

La défense
du principe de NOMA aujourd'hui, d'un côté comme de l'autre : la lutte contre le créationnisme moderne

Le créationnisme : une violation du NOMA typiquement nord-américaine.

Le mythe relatif à Christophe Colomb et à la Terre plate conforte le principe de NOMA en montrant comment le modèle opposé, celui de la guerre entre science et religion, invente souvent des batailles qui n'ont jamais eu lieu, qui renvoient uniquement à un modèle fictif : jamais les lettrés chrétiens ne proclamèrent, à l'encontre des découvertes scientifiques et des connaissances des Anciens, que la Terre était plate ; jamais Christophe Colomb n'eut à lutter contre les autorités ecclésiastiques sur ce faux problème.

Mais le créationnisme moderne a donné lieu hélas à une bataille véritable, qui vient à l'appui du principe de NOMA en fournissant un exemple effectif du fait que les conflits apparents entre science et religion sont dus en réalité à des transgressions du principe de NOMA, lorsqu'un petit groupe dévoué à l'un des deux magistères tente d'imposer une prétention injustifiée, irrecevable, dans le domaine de l'autre. De sorte que de telles batailles, si réelles soient-elles ou aient-elles pu être, loin de dresser véritablement la science contre la religion, ne représentent qu'un jeu de pouvoir mené par des fanatiques liés à l'un des deux magistères et qui tentent d'imposer leur point de vue particulier, absolument minoritaire, à l'autre camp.

120

L'épopée des tentatives des créationnistes pour faire interdire l'enseignement de la théorie de l'évolution, ou pour faire entrer de force leur version fondamentaliste de l'histoire de la Vie dans les programmes scientifiques des écoles publiques, constitue un des éléments les plus intéressants, les plus significatifs et les plus tenaces de l'histoire culturelle des États-Unis au xxe siècle. Cette histoire qui met en vedette, après un commencement tumultueux, deux importantes figures des années vingt a connu un *happy end* grâce à l'ordonnance rendue par la Cour suprême en 1987. Ce vaste combat n'en est pas pour autant terminé – il n'a fait que changer de terrain – car, depuis que la défense du premier amendement par la Cour fait obstacle à leur stratégie d'origine – faire valider juridiquement leur doctrine –, les zélateurs du créationnisme ont trouvé d'autres moyens visant à imposer leur volonté et leurs absurdités.

On voudra bien noter que je ne vais parler ici que d'un épisode bien précis – la tentative des fondamentalistes pour imposer le créationnisme dans les écoles publiques, par décision de justice –, et non de tous les aspects de la controverse à laquelle renvoie le terme ambigu de « créationnisme ». Certaines conceptions personnelles de la Création sont tout à fait conformes à l'esprit de NOMA et n'ont aucun rapport avec cette affaire-ci – ainsi l'idée que Dieu œuvrerait selon les lois de l'évolution, à la vaste échelle que nous retrace la géologie, et que cette forme de surintendance peut être considérée comme un mode de création.

Il est de fait, quoiqu'il n'y ait là aucune nécessité logique, que les militants du mouvement créationniste, opposés à l'enseignement de la théorie de l'évolution, ont été des fondamentalistes qui considéraient que le texte biblique devait être pris à la lettre, que la Terre ne pouvait avoir plus de 10 000 ans d'âge, que Dieu avait créé chaque espèce séparément, *ex nihilo*, en six jours de vingt-quatre

121

heures chacun. Après quoi, par outrance ou simple ignorance, ils ont identifié ces affirmations factuelles minori-
taires et depuis longtemps discréditées avec l'ensemble
du domaine de la « religion ».

Je n'ai rien contre les fondamentalistes qui entendent
enseigner leur doctrine chez eux ou dans les églises sans
chercher à l'imposer dans les écoles publiques. Je suis tout
à fait certain qu'ils ont tort à propos de l'âge de la Terre et
de l'histoire de la Vie, et serais heureux d'en débattre avec
n'importe lequel de leurs partisans, à condition qu'il ait
quelque ouverture d'esprit (ce qui n'est pas courant dans
ce mouvement). Dieu sait qu'en démocratie nous avons
le droit d'être ignorants, et même stupides ! Par exemple,
je n'ai aucun problème avec le plus important et le plus
influent de tous les groupes créationnistes, à savoir les
Témoins de Jéhovah. En effet, ils ne cherchent pas à
imposer leurs convictions théologiques à travers les programmes scientifiques des écoles publiques, et ils considèrent comme moi que c'est dans les églises et les foyers
qu'il convient d'enseigner des doctrines si particulières
et partisanes. En d'autres termes, notre combat contre le
créationnisme est politique et bien délimité, pas du tout
religieux ni même à proprement parler intellectuel. (Je
suis navré de devoir me montrer sévère, mais jamais
je n'ai pu trouver dans le créationnisme et la théorie d'une
Terre jeune le moindre élément intellectuellement intéressant – il s'agit d'un bric-à-brac d'affirmations qui ont été
examinées soigneusement sous le magistère de la science
et définitivement rejetées voilà déjà un siècle.)

Avant de présenter un petit rappel historique, je voudrais résumer en deux propositions les particularités
actuelles de notre lutte contre le créationnisme.

1. L'insistance énergique et opiniâtre des créationnistes
pour faire entrer leur dogme théologique partisan et minoritaire dans les programmes scientifiques des écoles
publiques nord-américaines ne peut en aucune façon être

présentée comme un épisode d'une quelconque guerre générale entre science et religion. Si vraiment il fallait séparer deux camps, ce serait ceux qui soutiennent le principe de NOMA et ceux qui s'y opposent ; ceux qui défendent le premier amendement et les théocrates qui voudraient faire avaliser leurs certitudes par une politique officielle ; ou, plus généralement, ceux qui défendent la liberté d'investigation et le droit des enseignants à présenter leurs sujets au mieux de ce que leur permet leur formation professionnelle et ceux qui voudraient établir les programmes d'enseignement en fonction de sensibilités ou de croyances locales – voire de la capacité d'agitation ou des rapports de pouvoir immédiats –, quels que soient l'état des connaissances scientifiques et le point de vue des enseignants.

En tout état de cause, de quelque façon que nous choisissions d'analyser cette controverse, certaines données des plus évidentes interdisent d'opposer ici science et religion. En effet, la grande majorité des ecclésiastiques et des experts en théologie se trouvent aux côtés de la grande majorité des scientifiques, défendant le principe de NOMA et le premier amendement et refusant que l'on impose aux programmes scolaires de l'école publique une doctrine théologique quelle qu'elle soit, surtout aussi partisane et minoritaire – ainsi, dans la longue liste des plaignants qui, en 1981, gagnèrent en justice contre le statut du créationnisme en Arkansas, on comptait certes des scientifiques et des enseignants, mais encore plus de prêtres de toutes les principales confessions, et des théologiens.

2. Cette controverse est aussi localement déterminée, proprement nord-américaine, que l'*apple pie* ou l'Oncle Sam. Dans aucune autre nation occidentale l'on ne pourrait considérer pareil monstre comme un mouvement politique sérieux : il apparaîtrait à l'évidence comme le fait de quelques givrés sans importance et totalement marginaux. Le mouvement visant à imposer le créationnisme dans les programmes scientifiques des écoles publiques renvoie à

une série de contrastes typiquement nord-américains, ou bien plus généraux mais articulés en termes tout américains : Nord/Sud, riches/pauvres, contrôle par les autorités locales ou bien par des normes fédérales. Qui plus est, ce créationnisme proclamant un jeune âge de la Terre ne peut recevoir l'appui que de ceux qu'on désigne comme « fondamentalistes », qui admettent la vérité littérale de chaque mot de la Bible – point de vue tout à fait marginal aujourd'hui dans toutes les grandes religions occidentales – et cette doctrine ne s'est en effet réellement développée que dans le contexte typiquement nord-américain d'une multiplicité d'Églises protestantes : pareille perspective fondamentaliste n'aurait aucun sens dans un pays majoritairement catholique, étranger à toute tradition de lecture littérale de la Bible (et à toute véritable tradition de lecture, du reste) ; quant aux traditions juives, même les plus orthodoxes, elles révèrent la Torah comme étant incontestablement la Parole de Dieu, dont il ne faut en aucun cas modifier la moindre nuance, le moindre détail textuel, mais il viendrait à l'idée de bien peu d'hébraïsants d'interpréter littéralement ce texte reconnu inaltérable [1].

1. N'étant aucunement expert ou exégète en matière biblique, je ne puis entrer dans le détail de cette question. Je dois dire cependant que je ne comprends tout simplement pas ce que signifie lire la Bible « littéralement », car le texte, compilation de très nombreuses sources, comporte inévitablement de nombreuses contradictions. Ces variantes de lecture ne posent aucun problème à la grande majorité des croyants, qui considèrent la Bible comme un document inspiré, porteur de vérité morale, non comme une rigoureuse chronique de l'histoire humaine ou une exposition parfaite des faits de la Nature. Pour prendre l'exemple le plus évident, comment les « littéralistes » pourraient-ils concilier les récits de la Création proposés par Genèse 1 et Genèse 2, lesquels – selon tous les spécialistes que j'ai consultés – proviennent à l'évidence de sources différentes. Dans Genèse 1, version la plus connue, Dieu crée le monde en six jours, depuis la lumière jusqu'à la séparation des eaux et du firmament, à la terre et aux plantes, au Soleil et à la Lune, enfin à la vie animale, selon une complexité croissante ; c'est au sixième jour qu'Il crée les humains, homme et femme à la fois. Dans Genèse 2, Dieu fait la terre et les cieux puis forme un homme « de la poussière de la terre » ; Il crée ensuite les plantes et les animaux, amène ceux-ci à

Le protestantisme a toujours mis l'accent sur l'étude personnelle de la Bible et la justification par la foi plutôt que par les saints et l'interprétation cléricale – ce qui explique assez bien les tendances littéralistes. Cependant, je le répète, la grande majorité des protestants d'aujourd'hui ne seraient pas d'accord pour lire les textes sacrés de façon aussi dogmatique et intransigeante – notamment dans les pays européens, où les tendances plutôt libérales ne sont pas aussi nombreuses. Mais le protestantisme américain s'est diversifié jusqu'à produire une gamme de sectes d'une variété sans pareille, couvrant toutes les formes imaginables de culte et de croyance. La grande majorité, bien entendu, pratiquent le même style de lecture allégorique et spirituelle que leurs voisins catholiques et juifs, mais quelques groupes – surtout sudistes, ruraux et pauvres, pour reprendre les oppositions mentionnées plus haut – sont braqués contre tout « modernisme », avec une lecture littéraliste qu'il n'est pas question de changer ni même de discuter : « La bonne vieille religion, je veux ! L'était assez bonne pour Papi, l'est assez bonne pour moi. »

Je voudrais donner un exemple qui montre le caractère

Adam et laisse au premier homme le soin de choisir leurs noms ; mais Adam est solitaire, aussi Dieu Lui donne-t-il une compagne qu'Il tire d'une de ses côtes : « Alors l'Éternel Dieu fit tomber un profond sommeil sur l'homme, qui s'endormit ; il prit une de ses côtes, et referma la chair à sa place. L'Éternel Dieu forma une femme de la côte qu'il avait prise de l'homme, et il l'amena vers l'homme. Et l'homme dit : voici cette fois celle qui est os de mes os et chair de ma chair ! On l'appellera femme. » Notre lecture traditionnelle amalgame ces deux récits, empruntant à Genèse 1 le canevas de base, où les humains n'apparaissent qu'à la fin, mais à Genèse 2 l'histoire de la côte d'Adam, pour ce qui est de la création d'Ève. Les gens sont souvent surpris quand je leur indique cet assemblage contradictoire (car, par les temps qui courent, même les personnes les plus pieuses ont tendance à ne guère étudier la Bible), ils pensent que je suis fou, ou que j'hallucine ; je leur dis simplement alors de vérifier (au moins le texte de référence est-il, aux États-Unis, présent dans à peu près chaque foyer, même dans ceux où l'on ne possède pas beaucoup d'autres livres) – et ils en éprouvent une grande surprise. Il faut toujours rester prudent vis-à-vis de ce que l'on croit connaître le mieux.

nettement nord-américain de ce fondamentalisme, ainsi que la perplexité qu'il suscite dans les autres religions (mon ignorance de ces questions fait que je ne dirai rien ici de l'islam et des religions non occidentales). J'étais descendu à la Casa del Clerico, à Rome, un hôtel patronné par le Vatican et qui accueille surtout des prêtres en déplacement. Un jour, dans la salle à manger, un groupe de jésuites français et italiens m'invitèrent à leur table. C'étaient des scientifiques en activité, venus à Rome pour un congrès sur les rapports entre la science et l'Église. Ils avaient lu des articles sur la montée du « créationnisme scientifique » aux États-Unis et se sentaient totalement désorientés. Ils estimaient que la théorie de l'évolution avait été parfaitement démontrée et qu'elle ne constituait aucunement un défi vis-à-vis de la religion (cela, tant selon leur propre vision que selon la proclamation papale dont nous avons parlé pages 77-84). Alors, me demandèrent-ils, que se passait-il donc dans mon pays ? Avait-on réellement trouvé de bons arguments scientifiques en faveur du créationnisme et de la jeunesse de la Terre ? Tout cela venait-il de véritables scientifiques, ou de fondamentalistes non professionnels ? Il s'ensuivit pendant une demi-heure une merveilleuse conversation en nos trois langues. Je leur expliquai qu'il n'existait aucun nouvel argument en ce sens – en fait aucun argument du tout – et que c'était là un problème purement politique et exclusivement nord-américain. Ils s'estimèrent satisfaits et comprirent sans doute mieux pourquoi les États-Unis constituent une énigme pour le reste du monde.

**Péril en notre propre demeure :
un bref aperçu, de Scopes à Scalia.**

Le fondamentalisme est peut-être aussi ancien que les États-Unis, et son opposition à l'enseignement de la théorie de l'évolution remonte sans doute à l'époque même de Darwin. Mais ce mouvement marginal, sans représentation politique et avant tout régional, n'avait jamais été assez puissant pour se fixer un but législatif avant qu'une grande figure de l'histoire nord-américaine, William Jennings Bryan (nous reparlerons de lui pages 140-157), ne décide de faire son dernier galop sur cette question. C'est lui qui procura au mouvement créationniste influence et contacts. Au début des années vingt, plusieurs États du Sud votèrent des lois directement opposées à la théorie de l'évolution. Ainsi, dans le Tennessee, fut-il déclaré qu'enseigner « que l'homme descendait d'un ordre animal inférieur » constituait un crime.

Les libéraux américains – parmi lesquels nombre d'ecclésiastiques – furent bien embarrassés, et bien surpris, lorsqu'ils constatèrent les rapides succès de ce mouvement, même si ce n'était qu'au niveau local. Remettant en cause la constitutionnalité de ces lois, l'ACLU[1] suscita en 1925 le mémorable procès Scopes à Dayton (Tennessee). John Scopes, jeune libre-penseur qui n'en était pas moins aimé de la plupart de ses élèves, pour la plupart fondamentalistes, était professeur de physique et entraîneur sportif au lycée de l'endroit. Ayant eu à remplacer pour cause de maladie le professeur de biologie, un fondamentaliste, il avait donné à lire à ses élèves les chapitres consacrés à la théorie de l'évolution du manuel scolaire, *A Civic Biology*, de George William Hunter. Scopes consentait par là à devenir le cobaye ou le bouc émissaire (peu importe la métaphore zoologique) pour la remise en cause juridique de la constitutionnalité de la loi anti-évolutionniste qui venait d'être votée.

La suite est désormais connue de la plupart des Américains (de façon certes filtrée et déformée), par le récit

---

1. American Civil Liberties Union : Union américaine pour les libertés civiques *(NdT)*.

qu'en fait une merveilleuse pièce de théâtre, *Inherit the Wind*, écrite en 1955 par Jerome Lawrence et Robert Edwin Lee et qui fut jouée dans plusieurs versions par certains des meilleurs comédiens américains (encore adolescent, j'eus ainsi le grand privilège de voir Paul Muni, alors à la fin de sa carrière, jouer Clarence Darrow, l'avocat de Scopes, dans la version originale donnée à Broadway, avec à ses côtés Ed Begley, non moins impressionnant, dans le rôle de William Jennings Bryan, le procureur ; deux versions filmées allaient par la suite faire intervenir d'autres grands talents : Spencer Tracy en Darrow et Fredric March en Bryan dans la première, Kirk Douglas et Jason Robards dans la reprise en téléfilm).

Contrairement à ce que donne à voir la pièce, Scopes ne fut pas persécuté par les fanatiques de la Bible, et il ne passa pas une seconde en prison. Il y eut certes des moments épiques – ainsi lorsque Bryan, dans sa péroraison, fut tout près de nier que les humains soient des mammifères, sans parler du célèbre épisode où le juge Raulston convoqua la Cour sur la pelouse (car la température avait dépassé quarante degrés et des fissures étaient apparues au plafond de l'étage situé au-dessous de la salle d'audience surpeuplée) et permit à Darrow de faire comparaître Bryan comme témoin de la défense –, mais l'interprétation courante de ce procès comme l'héroïque combat d'une resplendissante probité contre l'aveuglement grossier ne rend tout simplement pas compte de la réalité – même si c'est l'impression que donnent tant *Inherit the Wind* que le célèbre reportage de H. L. Mencken, qui, c'est le moins qu'on puisse dire, n'avait guère de respect pour Bryan, qu'il qualifia de « pape de camelote de la zone Coca-Cola ».

Le procès servait les fins tant de l'ACLU que des fondamentalistes de Dayton, qui voyaient en lui une occasion inespérée de faire figurer leur petite ville « sur la carte », et Scopes ne fut en aucune façon persécuté. La condamnation étant acquise d'avance, l'ACLU souhaitait un procès rapide, pas du tout un cirque médiatique. (Le procès Scopes s'ouvrit en direct à la radio et peut de ce fait être considéré comme le début d'une trajectoire qui mènera à celui de O. J. Simpson et autres extravagances pour le moins discutables.) Le juge local n'ayant pas compétence quant à la constitutionnalité de la loi du Tennessee, l'ACLU attendait la condamnation, inévitable, pour en appeler à une Cour fédérale – l'association appréciait peut-être la personnalité de Clarence Darrow, mais ne souhaitait certainement pas qu'il vienne à Dayton. Cela étant, quand Bryan annonça qu'il représenterait l'État du Tennessee pour chasser Satan de Dayton, les dés étaient jetés et l'offre de Darrow ne pouvait plus guère être repoussée.

Les faits eux-mêmes ont été correctement rapportés, mais l'issue du procès a rarement été bien comprise. Darrow en avait appelé à plusieurs éminents scientifiques, mais le juge refusa de les laisser témoigner. Ce n'était pas là une décision de rustre campagnard : le juge statuait à juste titre que son tribunal pouvait seulement juger de la culpabilité ou de l'innocence de Scopes selon la loi en vigueur – laquelle, au vu du chef d'inculpation, le faisait à l'évidence coupable –, non pas examiner la légitimité ou la constitutionnalité de cette loi ; dès lors, les témoignages d'experts sur la validité ou l'importance de la théorie de l'évolution n'avaient pas lieu d'être présentés. C'est précisément pour cela que les historiens n'ont jamais compris que le juge Raulston ait laissé Bryan témoigner comme expert pour la partie adverse. Mais cet épisode célèbre n'a pas non plus été convenablement interprété : il faut d'abord observer que, en fin de compte, le juge fit retirer ce témoignage du procès-verbal ; par ailleurs, il se peut que Darrow s'en soit un peu mieux sorti que Bryan, mais celui-ci se défendit fort bien et ne se sentit nullement embarrassé.

Au tournant le plus illustre du procès, où Darrow aurait prétendument contraint Bryan à admettre que les jours de la Création pouvaient avoir duré plus de vingt-quatre heures, Bryan ne fit en réalité que donner librement son opinion, du reste bien connue (il n'avait jamais été strictement littéraliste) ; ce n'était donc pas une lamentable incohérence qu'auraient démasquée les questions implacables de Darrow. Quant au second épisode célèbre, il est exact que Bryan succomba à une crise cardiaque dans la ville de Dayton, cependant ce ne fut pas sur le parquet du tribunal (comme le donne à voir la fiction, avec un effet spectaculaire), mais une semaine plus tard, après s'être empiffré lors d'un banquet paroissial.

Cela étant, la méprise la plus grave concerne le verdict lui-même, et l'histoire ultérieure du créationnisme. *Inherit the Wind* présente la fable d'un triomphe du libre examen sur le dogmatisme. Certes, en tant qu'opération de relations publiques, le procès Scopes peut être considéré comme une victoire pour notre camp. Mais ses conséquences juridiques n'auraient guère pu être plus désastreuses : Scopes fut bien sûr condamné, il n'y eut aucune surprise à ce niveau ; mais l'affaire fut ensuite suspendue, sans appel possible, en raison d'une erreur du juge : celui-ci avait infligé à Scopes une amende de cent dollars, conformément à la loi sur le créationnisme, alors que la législation du Tennessee exigeait que toute amende supérieure à cinquante dollars soit fixée par l'ensemble du jury. Peut-être qu'à Dayton, petite ville tranquille, personne n'avait jamais été condamné à plus de cinquante dollars d'amende, ce qui explique que le juge ait oublié cette stipulation jamais appliquée ; toujours est-il que cette erreur fut un bon argument contre l'intervention d'« agitateurs extérieurs » tels que Darrow comme seuls représentants dans des procès locaux. L'accusation, groupe hétéroclite mené par Darrow et l'avocat new-yorkais Dudley Field Malone, ne comptait personne qui connût suffisamment la législation locale pour contester la décision du juge et réclamer une procédure appropriée.

La condamnation de Scopes fut donc rendue inutile par un détail technique. On a beau décrire l'issue du procès comme une victoire, cette lamentable erreur de procédure empêcha de concrétiser le véritable objectif de toute l'entreprise : remettre en cause la constitutionnalité de la loi du Tennessee. Pour que le dossier remonte à un tribunal compétent, il aurait fallu tout reprendre dès le début et faire rejuger Scopes. Mais c'était trop tard : Bryan était décédé et Scopes, qui venait de s'inscrire en études doctorales de géologie à l'université de Chicago, n'avait aucune envie de revenir sur cette période de sa vie. (Scopes, homme très estimable et d'une grande modestie, travailla par la suite comme géologue pétrolier à Shreveport, Louisiane. Sans chercher à tirer parti de ce qu'il considérait comme une célébrité fortuite et passagère, il n'hésita cependant jamais à défendre la liberté de recherche et les droits des enseignants.)

C'est ainsi que la loi du Tennessee sur la théorie de l'évolution resta inscrite dans les textes – sans être appliquée, il est vrai, mais toujours présente comme arme contre un enseignement sérieux de la biologie. Les éditeurs de manuels scolaires, qui sont les plus lâches de toute la profession, prirent presque tous peur, omettant de parler de la théorie de l'évolution ou bien la reléguant dans un petit chapitre en fin de volume. J'ai dans mes rayonnages un exemplaire du manuel qui était le mien en 1956 dans un lycée de New York, dont les professeurs, libéraux, n'avaient aucune réticence à enseigner la théorie de l'évolution. Ce manuel, *Modern Biology*, de Moon, Mann et Otto, dominait alors le marché et servait à la formation de plus de la moitié des lycéens américains. La théorie de l'évolution n'y occupe que 18 pages sur 662, lesquelles 18 pages constituent le chapitre 58 (sur 60) – le lecteur, se souvenant de ses années de lycée, comprendra immédiatement que la plupart des classes n'arrivaient jamais jusqu'à ce chapitre. Qui plus est, le texte ne mentionne nulle part le terme redouté d'« évolution » et désigne le darwinisme comme « l'hypothèse du développement racial ». Or la première édition de ce manuel – publié en 1921, c'est-à-dire avant le procès Scopes – présentait en couverture un portrait de Darwin (dans l'édition de 1956, un groupe de castors industrieux a remplacé le plus célèbre de tous les naturalistes) et contenait plusieurs chapitres où la théorie de l'évolution était présentée non seulement comme démontrée, mais comme constituant le fondement même de toutes les sciences biologiques.

Cette situation déplorable persista jusqu'en 1968, date à laquelle Susan Epperson, courageuse enseignante de l'Arkansas, attaqua devant la Cour suprême une loi semblable à celle du Tennessee et obtint enfin le verdict d'inconstitutionnalité tant désiré, sur la base irrécusable du premier amendement. (À l'issue d'une conférence que je donnai à Denver l'an dernier, une femme charmante s'approcha de moi, me remercia de lutter contre le créationnisme et se présenta : c'était Susan Epperson. Elle avait assisté à mon exposé aux côtés de sa fille, qui terminait ses études de biologie de l'évolution, ayant bénéficié des fruits du courage de sa mère. Je ne trouvai rien à répondre, sinon que c'était plutôt à moi de lui exprimer ma gratitude.)

Mais rien ne peut arrêter un véritable croyant. Les créationnistes se regroupèrent et revinrent à la charge avec une nouvelle stratégie, en vue de tourner les problèmes constitutionnels. Eux qui jusque-là avaient toujours honnêtement défini leur système alternatif comme proprement théologique et fondé sur la doctrine d'une lecture littérale de la Bible se mirent à expurger leurs textes et inventèrent le concept de « science de la Création », ce qui est une contradiction dans les termes. La religion, contrairement à toutes leurs proclamations antérieures, n'aurait absolument rien à voir dans cette affaire ; ce seraient les dernières découvertes de la science pure qui révéleraient un monde factuel, lequel justement se trouverait corroborer parfaitement et littéralement les énoncés de la Genèse. Comme à peu près tous les scientifiques professionnels considèrent ce point de vue comme aberrant et fondé soit sur la simple ignorance, soit sur une totale mauvaise foi, il faudrait en conclure que les représentants autorisés de la discipline ne comprendraient pas les aspects cruciaux de leurs propres idées ; dans ces conditions, une intervention du législateur serait nécessaire. Par ailleurs, poursuivaient les créationnistes, nous ne demandons plus que la théorie de l'évolution soit bannie des écoles (cette revendication était devenue imprésentable après le verdict du procès Epperson), nous exigeons seulement un « temps égal » pour la « science de la Création » dans toutes les classes où l'on enseigne la théorie de l'évolution (bien entendu, celles qui préféreraient ne pas l'enseigner du tout... eh bien, en ce cas...).

Si extravagante que puisse être cette argumentation, si évident soit-il qu'il s'agit là d'une simple manœuvre pour masquer le véritable but visé (imposer la doctrine théologique fondamentaliste) par des termes nouveaux, acceptables au niveau constitutionnel, deux États – l'Arkansas et la Louisiane – édictèrent effectivement, à la fin des années soixante-dix, des lois presque identiques sur le « temps égal ». Un cartel rassemblant l'ACLU et de nombreuses associations tant scientifiques que religieuses attaqua la loi de l'Arkansas devant le juge fédéral William R. Overton à Little Rock en décembre 1981, dans un procès que la presse n'eut pas tort de désigner comme « Scopes II ». Le juge Overton, dans une ordonnance superbement agencée (où il expose si bien l'essence de la science et le rôle qui convient à la religion que *Science*, notre principal journal professionnel, reproduisit le texte mot pour mot), déclara inconstitutionnelle, en janvier 1982, la loi de l'Arkansas sur le « temps égal ». L'État de l'Arkansas, entre-temps repassé sous administration libérale avec Bill Clinton, décida de ne pas faire appel. Un autre juge fédéral annula alors en simple référé la loi de la Louisiane, à peu près identique, au motif que l'affaire avait été définitivement tranchée à propos de l'Arkansas. L'État de Louisiane, lui, fit appel auprès de la Cour suprême. En 1987, le procès Edwards *vs.* Aguillard s'acheva sur une victoire nette et définitive en notre faveur, par une majorité de sept voix contre deux, les opposants étant (comme on pouvait s'y attendre) Rehnquist et Scalia – Thomas, qui aurait sans doute voté dans le même sens, n'était pas encore magistrat à la Cour suprême.

Je témoignai au procès de l'Arkansas parmi les six experts en biologie, philosophie de la science et théologie, et centrai mon exposé sur les distorsions du travail scientifique commises par les créationnistes quant à la mesure du temps géologique, ainsi que sur la preuve de la transformation évolutionnaire qu'apportent les empreintes fossiles ; le contre-interrogatoire n'eut guère lieu que pour la forme : le procureur de l'Arkansas, contraint par l'éthique professionnelle de défendre une loi qu'à l'évidence il estimait à la fois stupide et embarrassante pour son État, remplit son rôle avec talent, mais le cœur n'y était pas.

Il faut noter que notre groupe d'experts ne tenta pas de démontrer la théorie de l'évolution : les tribunaux ne sont pas le meilleur endroit pour se prononcer sur de telles questions, qui relèvent du magistère de la science. Nous limitâmes nos efforts à répondre à l'unique question juridique qui nous était posée en montrant, par une analyse des textes et de certaines activités, que la « science de la Création » n'était qu'un écran de fumée, une formule creuse et contradictoire inventée pour déguiser en mouton le vieux loup de la lecture littérale de la Genèse – déjà disqualifiée dans l'affaire Epperson comme une doctrine théologique partisane, sans rien d'une conception scientifique, et qu'il serait incontestablement contraire aux garanties du premier amendement d'imposer par voie législative dans les programmes scientifiques des écoles publiques.

Je ne dirais pas que ce procès a représenté un des plus grands moments de tension de ma vie : l'issue ne paraissait pas faire de doute, et nous tenions la victoire dès la seconde journée d'un procès de deux semaines. Mais le cynisme n'est pas mon fort et je crois bien que, lorsque je serai prêt à entonner mon *Nunc Dimittis* – ou plutôt mon *Sh'ma Yisroel* –, je compterai parmi mes motifs de fierté d'avoir fait partie du seul groupe d'experts qui ait témoigné devant un tribunal durant cet intéressant épisode de l'histoire culturelle nord-américaine : la bataille juridique sur le créationnisme qui fit rage depuis le procès Scopes en 1925 jusqu'au procès Edwards *vs.* Aguillard en 1987. (Le juge Raulston n'avait pas permis aux experts de Darrow de témoigner au procès Scopes. La loi de la Louisiane fut rejetée en référé, jamais jugée. Les plaidoyers devant la Cour suprême ne durent qu'une heure et ne font pas intervenir de témoins.) Ça a été une grande joie et un grand honneur pour moi que de jouer un petit rôle dans cette affaire de portée historique, où intervinrent des personnages aussi considérables que Bryan et Darrow.

Le procès de l'Arkansas fut peut-être une ineptie, mais beaucoup d'anecdotes, tant comiques que sérieuses, me paraissent encore éclairantes ou instructives. Dans la première catégorie, je citerai les deux moments du procès que j'ai préférés. Il y a d'abord le témoignage d'un professeur du secondaire, qui décrivit un exercice dont il se servait pour faire comprendre à ses élèves combien la Terre était ancienne : il tirait une ficelle en travers de la classe, puis faisait venir les enfants aux points correspondant à l'origine de la Vie, à la disparition des dinosaures et à la naissance de l'humanité – celle-ci tout près du mur, au bout de la ficelle. Au cours du contre-interrogatoire, le substitut du procureur posa une question qu'il regretta ensuite : « Que

135

feriez-vous, avec la loi sur le temps égal, si vous deviez présenter l'autre point de vue, selon lequel la Terre n'a que 10 000 ans d'âge ? » « Je suppose qu'il me faudrait une ficelle plus courte », répondit l'enseignant. Toute la salle éclata de rire, certainement frappée par l'image qui m'était immédiatement venue à l'esprit : une vingtaine de collégiens se pressant sagement autour d'un millimètre de ficelle.

Dans un second moment-clé, les créationnistes connaissaient si mal la question de l'évolution qu'ils firent venir du Sri Lanka – pas moins ! – un éminent scientifique nommé Chandra Wickramasinghe, lequel est en désaccord avec la théorie darwinienne – par ailleurs, cependant, ce n'est pas un anti-évolutionniste et encore moins un défenseur de la jeunesse de la Terre, mais ces distinctions semblent inconnues des têtes pensantes du créationnisme. Leur avocat lui demanda : « Que pensez-vous de la théorie de Darwin ? » Wickramasinghe répondit, dans l'anglais éraillé de son pays natal : « Absurde. » Au cours du contre-interrogatoire, notre avocat lui demanda : « Et que pensez-vous de l'idée selon laquelle la Terre n'aurait que 10 000 ans d'âge ? » « Encore plus absurde », répondit laconiquement Wickramasinghe.

Dans l'avion du retour, je me levai pour me dégourdir les jambes (en fait, pour aller faire pipi) et un homme qu'il me parut reconnaître, assis sur un siège côté couloir en classe de luxe, m'arrêta et me dit avec un fort accent du Sud : « M'sieur Gould, j'veux vous r'mercier d'êt' venu et d'nous avoir aidés pour c'petit problème. » « Je l'ai fait bien volontiers, répondis-je. Mais vous-même, pourquoi vous intéressez-vous à la question ? Êtes-vous scientifique ? » Il s'esclaffa. « Homme d'affaires ? » continuai-je. « Pas du tout, répondit-il. J'ai été gouverneur, et moi, j'aurais opposé mon veto à cette loi. » Je parlais à Bill Clinton. Par un curieux hasard de l'histoire, qui permit à ce petit drame de monter jusqu'à la Cour suprême, le jeune prodige Clinton, un peu trop sûr de lui, n'avait pas suffisamment mené campagne pour être réélu en 1980 – erreur qu'il ne commit plus jamais, jusqu'à parvenir à la Maison-Blanche – et la loi sur le créationnisme, à laquelle il aurait en effet sûrement opposé son veto, était passée durant son interrègne et fut signée par un gouverneur plus conservateur.

Mais, à côté de ces instants burlesques, le procès connut des moments sérieux et même poignants. Ainsi put-on admirer la dignité d'enseignants responsables qui déclarèrent qu'ils ne pourraient plus exercer honorablement leur métier si la loi était maintenue. L'un de ces enseignants cita un passage de son manuel de chimie, qui attribuait un grand âge aux combustibles fossiles ; la récente loi de l'Arkansas mentionnant explicitement « une relative jeunesse de la Terre » parmi les définitions de cette science de la Création exigeant « un traitement équilibré », ce passage aurait dû être modifié, et cet enseignant fit savoir qu'il ne voyait pas comment procéder à cette modification. « Et pourquoi ? rétorqua le substitut lors de l'interrogation contradictoire. Il suffirait d'insérer une seule phrase : "Cependant, certains scientifiques estiment que les combustibles fossiles sont relativement jeunes." » La réponse du témoin fut un sommet du procès : « Oui, je pourrais insérer une phrase de ce genre, pour appliquer la loi de façon mécanique. Mais ma conscience professionnelle me l'interdit, parce que "traitement équilibré" signifie nécessairement "dignité égale", et qu'il me faudrait donc justifier cette insertion. Cela, je ne puis le faire, car je n'ai jamais entendu aucun argument valable en faveur de ce point de vue. »

Un autre enseignant fit état de difficultés semblables pour appliquer un « traitement équilibré » en conscience, et non de façon mécanique. On lui demanda ce qu'il ferait si la loi était maintenue ; il leva les yeux et répondit d'une voix claire et solennelle : « Il me semble que je n'obéirais pas. Je ne suis ni un révolutionnaire ni un martyr, mais j'ai vis-à-vis de mes étudiants des responsabilités que je ne puis négliger. »

Me rappelant cette déclaration sérieuse, je me dis que j'ai peut-être été un peu trop optimiste dans ce petit retour en arrière. Certes, après soixante ans de controverse, nous avons obtenu une victoire, modeste et limitée : les créationnistes ne peuvent plus espérer parvenir à leurs fins avec un soutien légal officiel. Mais ces fanatiques ne capituleront pas pour autant, d'autant qu'ils disposent d'importantes ressources financières. De fait, ils ont modifié leurs tactiques, et parviennent souvent à des stratégies efficaces, qui ne tombent pas sous le coup de la loi : ils continuent à faire pression sur les éditeurs de manuels scolaires pour qu'ils suppriment ou raccourcissent les chapitres consacré à la théorie de l'évolution (à cela on peut cependant riposter – et nous l'avons fait en divers endroits des États-Unis – en recommandant aux directeurs d'école de refuser les manuels où ne serait pas suffisamment exposé ce domaine tout à fait essentiel des sciences biologiques) ; ils font de l'agitation avant les réunions des conseils d'école et présentent leurs propres candidats à des élections auxquelles ne participe pas grand monde, de sorte que peuvent y obtenir un contrôle des minorités engagées, connaissant bien leurs partisans et sachant les entraîner aux urnes (mais les scientifiques sont aussi des parents et « la politique est avant tout locale », comme disait mon précédent représentant au Congrès, élu à Cambridge, Massachusetts).

Ils peuvent surtout, selon une tactique efficace et bien plus difficile à combattre, car insidieuse et dissimulée, mener des campagnes menaçantes tantôt retentissantes, tantôt plus discrètes. La plupart des gens, les enseignants comme les autres, ne sont pas spécialement courageux et n'ont guère envie de devenir des martyrs. Pourquoi chercher les ennuis ? Si le petit Bill raconte à ses parents que j'enseigne la théorie de l'évolution et que ceux-ci en font grand bruit – comme il est à prévoir dans les zones où le créationnisme est bien implanté depuis longtemps –, que va-t-il m'arriver, quelles vont être les conséquences sur ma famille, sur mon métier ? Peut-être vaut-il mieux que je ne parle pas de l'évolution cette année. À quoi bon semer la pagaille ?

Cela m'amène à répéter un point évident et décisif : la pire erreur, quant à ce conflit entre créationnisme et théorie de l'évolution, serait d'y voir une importante escarmouche dans le cadre général d'une guerre entre science et religion. Presque tous les scientifiques et presque tous les chefs de file religieux se sont rangés du même côté, contre les créationnistes. Et le présent ouvrage a précisément pour thème central le fondement même de cette rencontre : le principe de NOMA, l'appel à un dialogue respectueux et constructif entre deux magistères distincts qui occupent chacun une position essentielle dans l'existence humaine et, pour fonctionner au mieux, doivent consolider leur propre logis, ce qui ne les empêche pas d'admirer celui du voisin ni d'entretenir avec lui une chaleureuse amitié, scandée par de fécondes visites et discussions.

Les créationnistes ne sont en aucune façon les représentants du magistère de la religion. Ils plaident fanatiquement pour une doctrine théologique bien particulière – pour une conception de la religion, minoritaire tant intellectuellement que démographiquement, qu'ils voudraient imposer à la terre entière. Tandis que ces enseignants de l'Arkansas représentent bien plus que « la science » : ils tiennent pour la tolérance, la compétence professionnelle, la liberté de recherche, la défense de la Constitution des États-Unis – tous buts fort louables, partagés par la grande majorité des scientifiques et des théologiens de l'Amérique d'aujourd'hui. L'ennemi, ce n'est pas la religion, c'est le dogmatisme et l'intolérance : une tradition aussi ancienne que l'espèce humaine et qu'il est impossible d'extirper sans une constante vigilance qui est, comme le dit une épigramme bien connue, le prix de la liberté. On pourrait ricaner d'un mouvement aussi marginal que la théorie d'une Terre jeune, mais à notre propre péril – car l'histoire démontre que ces ridicules chevaux d'essai, si on ne les retient pas dès la barrière, peuvent devenir de puissants champions des ténèbres. Laissons ici le dernier mot à Clarence Darrow, qui déclarait en 1925, dans sa péroraison au procès Scopes :

> Si aujourd'hui, s'agissant de la théorie de l'évolution, vous tenez pour un crime de l'enseigner à l'école publique, demain vous pourrez tenir pour un crime de l'enseigner dans les écoles privées, et l'année suivante vous tiendrez pour un crime de l'enseigner sur les estrades ou à l'église. Un peu plus tard, vous interdirez des livres et des journaux. [...] L'ignorance et le fanatisme sont constamment en éveil, ils demandent à être nourris, ils en veulent toujours plus. Aujourd'hui ce sont les enseignants des écoles publiques, demain ce seront ceux des écoles privées, après-demain les pasteurs et les conférenciers, les revues, les livres, les quotidiens. Bientôt, Votre Honneur, nous ne verrons autour de nous que s'opposer l'homme à l'homme et le credo au credo, jusqu'à ce que bannière au vent et tambour battant nous reculions triomphalement à la glorieuse époque du XVIᵉ siècle, quand les bigots allumaient des bûchers pour y brûler ceux qui osaient apporter un peu d'intelligence, de lumière, de culture à l'esprit humain.

La passion et la compassion de William Jennings Bryan : l'autre face du principe de NOMA.

La version courante et héroïque de l'opposition entre théorie de l'évolution et créationnisme dans notre Amérique du XXe siècle s'arrête là, avec une chronique judiciaire victorieuse, quelques terribles avertissements pour l'avenir, et la réaffirmation de principes intellectuels. Pourtant il me faut poursuivre, et parler maintenant d'un élément important concernant le bord opposé ; c'est une histoire rarement mentionnée et peu connue, qui exige absolument d'être traitée dans un livre consacré au principe de NOMA.

Le portrait que l'on trace habituellement de William Jennings Bryan[1] – trois fois vaincu à l'élection présidentielle, et célèbre pour ses déclarations verbeuses – permet à peu de frais de le ridiculiser, surtout aux représentants de ce qu'on pourrait appeler l'« establishment intellectuel du Nord-Est », lesquels n'ont jamais bien mesuré les traditions toutes différentes du populisme du Middle West – dont Bryan, surnommé le Grand Roturier, était une importante figure. Ainsi H. L. Mencken, qui vit Bryan en action lors du procès Scopes, le tourna-t-il méchamment en dérision :

> Naguère il avait un pied à la Maison-Blanche, et la nation tremblait de ses rugissements. Maintenant c'est un pape de camelote de la zone Coca-Cola et un frère pour les tristes prédicateurs qui fabriquent des faibles d'esprit dans des abris de tôle, derrière les dépôts de chemin de fer. [...] C'est à coup sûr une tragédie que de commencer la vie en héros et de la terminer en bouffon.

Ce jugement acerbe de Mencken met en lumière un paradoxe étonnant. Bryan avait été durant presque toute sa carrière un réformateur courageux, pas du tout un salaud.

---

1. Ce passage est largement inspiré de mon texte « La dernière campagne de William Jennings Bryan », publié dans *Bully for Brontosaurus*, W. W. Norton, 1991 (trad. fr. : *La Foire aux dinosaures*, Éd. du Seuil, 1993).

Comment donc cet homme, le plus illustre populiste des États-Unis, put-il devenir à la fin de sa vie un parfait réactionnaire ? Car ce fut bien Bryan qui, âgé d'un an seulement de plus que les 35 ans requis, obtint l'investiture démocrate pour les élections présidentielles de 1896, avec pour cri de ralliement la revendication populiste de l'abolition de l'étalon-or : « Tu ne presseras point sur le front des travailleurs cette croix d'épines. Tu ne crucifieras pas l'humanité sur une croix d'or. » Bryan qui se présenta encore deux fois et perdit en faisant noblement campagne pour certaines réformes, notamment l'indépendance des Philippines contre l'impérialisme des États-Unis. Bryan, le pacifiste, qui, secrétaire d'État de Wilson, démissionna parce qu'il aurait préféré une plus stricte neutralité lors de la Première Guerre mondiale. Bryan qui se trouva au premier rang pour la plupart des conquêtes progressistes de son époque : le vote des femmes, l'élection des sénateurs au suffrage direct, l'impôt progressif sur le revenu (personne n'aime l'impôt, mais existe-t-il un système plus juste ?). Comment cet homme-là put-il se joindre aux forces qui cultivaient le littéralisme de la lecture biblique, vouloir purger la religion de toute forme de libéralisme et étouffer la libre-pensée dont il s'était fait le champion en tant d'autres contextes ?

·Ce paradoxe nous concerne encore, car l'affaire Bryan n'est pas perdue dans les brumes de l'histoire ; elle a laissé un héritage qui reste valide, comme je l'ai montré dans la précédente section. Sans Bryan, il n'y aurait jamais eu de lois contre la théorie de l'évolution, de procès Scopes, de résurgence de ces courants, de décision de la Cour suprême. Les victoires progressistes de Bryan se seraient faites sans lui. Il se battit rudement et rendit d'immenses services ; cependant, ne fût-il jamais né que les femmes auraient aujourd'hui le droit de vote et que nous payerions un impôt progressif sur le revenu. Mais la tentative de juguler la théorie de l'évolution fut proprement son affaire, qu'il mena avec cette rage effrénée qui fit sa légende. Personne d'autre, dans un mouvement fondamentaliste bien peu organisé, n'aurait eu pour cela une inclination suffisante, encore moins la compétence juridique ni l'habileté politique.

Ce paradoxe apparent quant à ses détours idéologiques revient constamment dans les textes qui se rapportent à Bryan. Ainsi peut-on lire dans la notice biographique que lui consacre l'*Encyclopaedia Britannica* que le procès Scopes « le montra bien peu cohérent vis-à-vis des nombreuses causes progressistes qu'il avait défendues si longtemps ».

On a proposé deux sortes d'explication. Selon la première thèse, manifestement majoritaire, la dernière bataille de Bryan était bel et bien inconciliable avec toutes les campagnes populistes qu'il avait menées auparavant. Mais qui a jamais dit qu'un homme devait conserver la même idéologie tout au long de l'âge adulte ? Et y a-t-il cliché psychologique plus banal que la transformation d'un jeune Turc en vieux crétin ? La plupart des biographes présentent le procès Scopes comme un épisode incohérent, comme un triste et embarrassant épilogue. Dans presque tous les ouvrages consacrés à Bryan, le dernier chapitre comporte le terme « recul » ou bien « déclin ».

Selon le point de vue minoritaire, qui a gagné du terrain dans les biographies plus récentes et que je n'hésite pas à soutenir, Bryan ne se serait en aucune façon transformé ou replié, et sa dernière bataille, contre la théorie de l'évolution, n'aurait fait que prolonger la pensée populiste qui avait inspiré toute l'œuvre de sa vie. La question est alors de savoir comment la tentative d'interdire l'enseignement de la théorie de l'évolution dans les écoles publiques peut être jugée progressiste, et comment Bryan lui-même reliait ses démarches antérieures à cette nouvelle stratégie.

L'attitude de Bryan à l'égard de la théorie de l'évolution reposait sur une triple erreur. Tout d'abord, par une confusion trop courante, il assimilait le fait de l'évolution à l'explication darwinienne de son mécanisme. Par ailleurs, il entendait à tort par « sélection naturelle » une théorie martiale où la survie s'obtiendrait par le combat et la destruction des ennemis. Enfin, il était tombé dans un piège logique, alléguant que le darwinisme impliquerait une vertu morale de cette lutte à mort. Les deux premières erreurs peuvent être comptées pour de simples incompréhensions, dans le magistère de la science. Mais la troisième, source de l'engagement affectif et politique de Bryan, traduit une confusion entre vérité scientifique et vérité morale – violation majeure du principe de NOMA, sur laquelle repose presque tout l'inutile conflit relatif à l'évolution et à l'éthique. Bryan écrivait dans *Prince of Peace* (1904) :

> La théorie darwinienne présente l'homme comme ayant atteint son actuelle perfection par l'opération de la haine – de la loi impitoyable selon laquelle les forts s'élèvent au-dessus de la foule et exterminent les faibles. Si telle est donc la loi de notre évolution, et s'il existe une logique contraignante pour l'esprit humain, nous ne pourrions que retourner à l'état de bêtes si nous choisissions la loi de l'amour. Je préfère croire que la loi du développement est l'amour et non la haine.

En 1906, Bryan déclara au sociologue E. A. Ross : « Une telle conception de l'origine de l'homme affaiblirait la cause de la démocratie, au profit de l'orgueil de classe et du pouvoir de la richesse. » Il demeura dans cet embarras jusqu'à la Première Guerre mondiale, où deux éléments le jetèrent dans son combat frénétique. Tout d'abord, il apprit que la conception martiale du darwinisme avait été invoquée par la plupart des intellectuels et des chefs militaires allemands pour justifier la guerre et leur future domination. Ensuite, il redoutait la montée du scepticisme dans son propre pays, comme source de faiblesse morale face au militarisme allemand.

Ces nouvelles craintes venaient s'ajouter, chez Bryan, à des interrogations antérieures quant à l'enseignement de la théorie de l'évolution dans les classes. On peut contester la valeur de ses arguments, mais non pas nier que son vif intérêt pour cette question fût lié à son dévouement de toujours pour les causes progressistes. Il suffit de considérer ses trois principaux axes de campagne pour apercevoir leurs liens avec son passé populiste.

1. *Pour la paix et l'humanité, contre le militarisme et l'homicide.* Bryan écrit :

> J'ai appris que c'était le darwinisme qui était à la base de cette odieuse doctrine, selon laquelle la force crée le droit, qui s'est répandue en Allemagne.

2. *Pour l'équité et la justice à l'égard des agriculteurs et des ouvriers, contre l'exploitation monopolistique et le profit.* Selon Bryan, le darwinisme avait convaincu tant d'entrepreneurs des mérites du bénéfice personnel qu'il revenait désormais au gouvernement de protéger les faibles et les pauvres d'une brusque dégradation morale, contraire au christianisme :

> Aux États-Unis, il nous a fallu des lois sur l'alimentation pour empêcher les fabricants d'empoisonner leurs clients ; des lois sur le travail des enfants pour empêcher les employeurs de broyer leur corps, leur esprit et leur âme ; des lois anti-trust pour empêcher des compagnies géantes d'étrangler des concurrents plus faibles ; et c'est encore une lutte à mort qui se mène contre les profiteurs et les spéculateurs pour ce qui est des produits de la terre.

3. *Pour la règle de l'opinion majoritaire, contre toute imposition par les élites.* La foi chrétienne disposait tou-

jours d'une large majorité aux États-Unis, mais l'éducation dispensée dans les lycées tendait à miner le consensus qui avait jusque-là préservé la compassion au sein de la démocratie. Bryan put citer des études selon lesquelles seuls 15 % des jeunes lycéens de sexe masculin avaient des doutes quant à l'existence de Dieu, contre 40 % chez les bacheliers. Il lui paraissait que le darwinisme, avec son principe immoral de domination par une élite égoïste, avait nourri ce scepticisme. Bryan s'en prit vivement à cet insidieux travail de sape mené par une minorité d'intellectuels, se jurant de combattre le feu par le feu : si les autres utilisaient les salles de classe pour servir leurs manigances, il répondrait sur le même terrain et ferait bannir leur doctrine des écoles publiques ; la majorité des Nord-Américains n'acceptaient pas l'idée de l'évolution de l'homme, et c'était leur droit démocratique que d'en proscrire l'enseignement.

Je voudrais m'étendre un peu sur ce dernier point. La thèse de Bryan attaque de plein fouet la liberté universitaire, car les questions scientifiques ne sauraient en aucun cas être tranchées par voie de scrutin. J'indiquerai simplement que Bryan rapportait cet étrange argument à sa propre conception du populisme :

> Les contribuables ont le droit de dire ce qu'il convient d'enseigner [...], d'orienter ou congédier ceux qu'ils emploient comme enseignants ou directeurs d'école. La main qui rédige le chèque administre l'école, et un enseignant n'a aucunement le droit d'enseigner ce qui ne convient pas à ses employeurs.

Mais que dire des deux premiers arguments de Bryan, concernant l'influence du darwinisme sur le militarisme et l'exploitation économique ? Ils témoignent certes de quelque philistinisme, mais il faut bien admettre qu'il avait mis le doigt sur des problèmes assez troublants – et que la faute en revient en partie à des violations du principe de NOMA par des scientifiques ou leurs affidés.

Bryan fit savoir plus d'une fois que deux ouvrages avaient modifié le caractère de son opposition à la théorie de l'évolution, l'amenant à passer de la passivité à une action vigoureuse : *Headquarters Nights*, de Vernon L. Kellogg (1917), et *The Science of Power*, de Benjamin Kidd (1918). Après les avoir lus l'un et l'autre, je les ai trouvés tout aussi inquiétants que le disait Bryan. J'en suis aussi venu à comprendre ses craintes et même à les partager en partie (sans bien sûr épouser son analyse ni prôner les mêmes antidotes).

Vernon Kellogg, entomologiste, fut peut-être le principal propagateur de la théorie de l'évolution aux États-Unis. Titulaire d'une chaire à Stanford, il écrivit un important manuel intitulé *Evolution and Animal Life*, en collaboration avec son mentor et président d'université, David Starr Jordan, ichtyologiste et le plus important disciple de Darwin aux États-Unis. Durant la Première Guerre mondiale, les États-Unis étant restés neutres, il devint haut fonctionnaire dans le mouvement international non engagé de secours à la Belgique – une cause officiellement « tolérée » par l'Allemagne. À ce titre, il fut le seul Américain affecté au grand quartier général allemand. Soir après soir, il y écoutait des discussions de table entre officiers allemands du plus haut rang, parfois en présence du Kaiser en personne – Kellogg rapportera ces échanges dans son livre. Pacifiste à son arrivée en Europe, il en repartit partisan d'anéantir le militarisme allemand par tous les moyens.

Kellogg fut surtout consterné de voir ces officiers justifier la guerre et prôner la suprématie allemande, alors que nombre d'entre eux étaient à l'origine professeurs d'université. Ils donnaient à leur position une justification évolutionniste, mais surtout ils défendaient une version erronée et particulièrement fruste de la sélection naturelle, définie comme une lutte sanglante et inexorable :

Le professeur von Flussen est néo-darwinien, comme la plupart des biologistes et philosophes de la Nature allemands. La croyance en l'*Allmacht* [toute-puissance] d'une sélection naturelle fondée sur une concurrence violente est l'évangile des intellectuels allemands ; tout le reste serait illusion ou hérésie.

[...] Non seulement cette lutte devrait se poursuivre, conformément à la loi naturelle, mais il faudrait que celle-ci, à sa façon inévitablement cruelle, assure la perpétuation de l'espèce humaine. [...] Le groupe humain qui se trouve au stade le plus élevé de l'évolution [...] devrait l'emporter dans la lutte pour l'existence, et cette lutte devrait précisément faire en sorte que les différents types humains soient mis à l'épreuve et que le meilleur soit non seulement préservé, mais mis en position d'imposer sa forme d'organisation sociale – sa *Kultur* – aux autres, ou éventuellement de les anéantir et de prendre leur place. Tel est le genre d'affligeants propos que je dus entendre au quartier général. [...] Ajoutez à cela la certitude que les Allemands sont la race élue et que leur organisation sociale et politique est la forme supérieure de la communauté humaine, et vous vous trouvez devant un mur de logique et de conviction contre lequel vous pourrez vous fracasser la tête mais que vous ne briserez jamais par de simples arguments. Il y faudrait les muscles de Samson.

Kellogg, bien évidemment, ne voyait dans cette argumentation qu'une « horrible casuistique académique et [...] la conviction que l'individu n'est rien, que l'État est tout ». Mais Bryan, faisant un amalgame entre cette interprétation perverse, fondée sur une violation du principe de NOMA, et la chose elle-même, manifesta les pires craintes quant à la capacité de nuisance que recelait la théorie de l'évolution.

Benjamin Kidd, un critique anglais très respecté chez les universitaires comme dans le grand public, écrivit plusieurs ouvrages à succès sur les implications de la théorie de l'évolution. Dans un texte posthume, *The Science of Power*, il développe un curieux raisonnement qui, pour être bien différent de celui de Kellogg, n'en alimenta pas moins l'inquiétude de Bryan. Kidd, philosophe idéaliste, estimait que la Vie ne peut progresser que par le refus de la lutte matérielle et du bénéfice individuel. À l'instar des militaristes allemands, mais en vue de l'extirper et non de le glorifier, il identifiait le darwinisme à la domination par la force. Il soutenait par exemple que Darwin avait ravivé la plus dangereuse des tendances humaines : notre âme païenne, jusque-là contenue – quoique imparfaitement – par des siècles de christianisme, de doctrine d'amour et de renoncement :

> L'ascendant obtenu par les théories de *De l'origine des espèces* dans le grand public occidental est un des épisodes les plus étonnants de l'histoire de la pensée humaine. [...] Partout, tout au long de la civilisation, on a accordé une influence presque incroyable à l'idée que la force était à la base de l'autorité légale. [...]
> Pendant des siècles, le paganisme occidental avait lutté contre les idéaux d'une religion de subordination et de renoncement, qui lui arrivait du passé. Pendant des siècles, il s'était vu ronger, presque au-delà du supportable, par la vision idéale du monde que lui présentaient les Églises chrétiennes. [...] Mais voilà qu'il rencontrait une conception de la Vie qui agitait en profondeur l'héritage d'époques antérieures. [...] Tel était le monde que savaient comprendre les maîtres de la force. Le cœur païen de l'Occident se mit à chanter d'une joie atavique.

On peut en conclure que Bryan recourut, sans doute de façon tout inconsciente, au procédé classique qui consiste à incriminer la victime, accusant Darwin, ou la théorie de la sélection naturelle, ou même l'idée d'évolution, d'être la principale source de la décadence morale de notre époque. Or le promoteur d'une idée ne saurait être tenu pour responsable d'un emploi abusif et stupide de sa théorie (sauf si cet emploi abusif découle d'une conception elle-même confuse ou d'une présentation imprécise que, par dépit ou par arrogance, son auteur ne se serait pas donné la peine de rectifier – en tout cas, ce n'est pas de la faute d'Alexander Graham Bell si la note de téléphone de votre fils a failli vous ruiner l'an dernier). Bryan, comme nous venons de le voir, n'avait à peu près rien compris à l'évolution. Il n'avait certainement pas saisi la notion darwinienne de sélection naturelle, qui n'est pas du tout un principe de combat à mort jusqu'à la victoire, mais une théorie sur le succès de la reproduction, quelle que soit la manière dont ce succès peut être obtenu selon le milieu (par le combat en certaines circonstances, sans nul doute, mais parfois aussi par la coopération).

Mais le plus important, dans le cadre de ce livre, c'est que Bryan ignora toujours le principe fondamental de NOMA, à savoir qu'aucune vérité de fait ne saurait imposer ou même inspirer une vérité morale. Toute argumentation selon laquelle les faits ou les théories de l'évolution biologique pourraient dicter ou seulement confirmer telle ou telle attitude morale représente un grave contresens par rapport au trait de génie darwinien et une grave violation du principe de NOMA.

Toujours est-il que Bryan persista à caractériser la théorie de l'évolution comme un principe de lutte et de destruction des faibles, une doctrine contraire à toute moralité élémentaire et qu'il fallait bannir des salles de classe. Dans un grand moment de rhétorique, presque à la fin de son « Last Evolution Argument » – le discours final qu'il avait préparé avec la plus grande énergie mais n'eut pas l'occasion de prononcer lors du procès Scopes –, il proclamait :

Une fois encore la force et l'amour se trouvent face à face, et il faut répondre à la question : « Que faire de Jésus ? » Une doctrine sanglante et brutale – celle de l'évolution – exige, comme la populace il y a dix-neuf siècles, qu'il soit crucifié.

J'aimerais pouvoir m'en tenir là, à un commentaire sarcastique sur cet abruti de Bryan et une vibrante défense de l'interprétation scientifique correcte du darwinisme. Mais une telle fin de non-recevoir serait injuste, car on ne saurait critiquer Bryan sur ce point tout à fait important. Dieu sait qu'il n'y connaissait pas grand-chose en matière scientifique, et que la logique de son raisonnement ne mérite aucune médaille. Cependant, lorsqu'il affirme que le darwinisme a été abondamment présenté comme une défense de la guerre, de la domination et de l'exploitation au niveau national, il a tout à fait raison.

Nous touchons là au point crucial de toute cette affaire. De telles erreurs concernant le darwinisme contreviennent au principe de NOMA et ont causé beaucoup de dommages au cours de ce siècle. Mais ces erreurs, qui en porte la responsabilité ?

Si les scientifiques avaient toujours fait preuve d'une suffisante prudence dans leurs interprétations, d'une suffisante humilité, en s'opposant aux extensions impropres de leurs découvertes à des domaines où elles n'ont rien à faire, alors il serait possible de disculper ma profession, les inévitables égarements des non-scientifiques ne faisant que confirmer le vieux dicton selon lequel une bonne action est toujours punie.

Mais le principe de NOMA joue dans les deux sens et impose pondération et responsabilité tant à l'un qu'à l'autre des deux magistères. Les campagnes politiques des créationnistes américains constituent sans nul doute – comme on le reconnaît généralement, et à juste titre – des tentatives de partisans d'une conception marginale et minoritaire dans le magistère de la religion pour imposer leurs dogmes au magistère de la science. Malheureuse-ment, les scientifiques ont bien souvent commis le même méfait – même si eux n'organisent pas de mouvements politiques sous couvert juridique.

Nombreux sont les gens qui croient que la théorie de l'évolution consacre telle ou telle position morale, parce que des scientifiques l'ont affirmé. Quand certaines attitudes sont ensuite légitimées au prétexte qu'elles seraient anodines ou inoffensives, on tend à détourner le regard et à pardonner au scientifique son outrecuidance. Cependant les modes changent, et ce qui est aujourd'hui toléré peut être exécré demain. Il est probable qu'en 1900, aux États-Unis, le lecteur masculin moyen acceptait le racisme comme dicté par la Nature (son propre groupe se situant au-dessus des autres), et qu'il soutenait l'expan-sion impériale du pouvoir nord-américain. Il devait lui sembler incontestable et tout à fait raisonnable d'entendre affirmer que la théorie de l'évolution confirmait la mora-lité de ces deux positions – et si ce discours était tenu par un biologiste de renom, il en était encore plus convain-cant.

Aujourd'hui, la plupart des Américains – suite à des événements tels qu'Ypres ou Hiroshima, suite à tant de lynchages et de génocides – considèrent de telles infé-rences, qui rendent compte de la moralité sociale à partir du fait de l'évolution, comme fallacieuses et nuisibles. Bryan avait tiré de ses lectures une excellente leçon. Plusieurs des généraux allemands avec lesquels Kellogg s'était trouvé en rapport avaient enseigné la biologie à l'université. Les scientifiques ne sauraient donc prétendre à aucune immunité vis-à-vis des mauvaises interpré-tations, notamment de raisonnements socialement domma-geables, puisque leurs propres collègues en sont souvent les auteurs et artisans.

Je voudrais terminer par un exemple précis, tiré d'une

source d'une inquiétante pertinence. Dans son « Last Evolution Argument », Bryan accusait les évolutionnistes d'avoir abusé de la science pour présenter certaines opinions morales sur l'ordre social comme des faits de la Nature :

> En paralysant les espoirs de réforme, ils découragent ceux qui œuvrent à l'amélioration de la condition humaine. [...] Leur seul programme pour l'humanité est l'éducation scientifique, et un système dans lequel quelques esprits prétendument supérieurs, autoproclamés, dirigeraient les échanges et les mouvements de la masse de l'humanité – un système impossible !

Que redire à cela ? Un des chapitres les plus tristes de toute l'histoire de la science est celui de l'exploitation infondée, mais largement répandue, de certaines données pour justifier les prétendues conséquences morales et sociales du déterminisme biologique, de la thèse selon laquelle les inégalités liées à la race, au sexe ou à la classe ne pourraient être corrigées car elles refléteraient l'infériorité du patrimoine génétique des moins avantagés. Bien des dégâts ont été causés par des scientifiques qui violaient le principe de NOMA en identifiant à tort, dans leurs écrits théoriques, leurs préférences sociales personnelles à des faits naturels. Jusqu'où ne va pas le dommage quand des scientifiques rédacteurs de manuels scolaires, utilisés surtout dans l'enseignement primaire et secondaire, font passer ces doctrines sociales pour des découvertes objectives de leur spécialité ?

Je possède un exemplaire du livre que John Scopes utilisait pour enseigner la théorie de l'évolution aux enfants de Dayton : *A Civic Biology*, publié en 1914 par George William Hunter, professeur de biologie à Knox College. Beaucoup de commentateurs ont cherché dans cet ouvrage les passages sur l'évolution enseignés par Scopes et cités par Bryan. Mais j'y ai également trouvé, dans d'autres chapitres, de troublantes observations que l'on n'avait pas encore relevées – par exemple l'incroyable affirmation selon laquelle la science détiendrait la réponse morale à des questions telles que l'arriération mentale ou la misère sociale, si mal interprétées. Hunter mentionne les abominables Jukes et Kallikaks, cas « classiques » – et inexacts – naguère présentés comme exemples canoniques des ravages que peut faire l'hérédité dans une famille. Sous le titre « Le parasitisme et son coût social : le remède », Hunter écrit :

> Des centaines de familles telles que celles qu'on vient de décrire existent aujourd'hui et répandent la maladie, l'immoralité, le crime, partout dans le pays. Le coût de ces familles pour la société est très lourd. Tout comme certains animaux, certaines plantes deviennent les parasites d'autres plantes ou d'autres animaux, ces familles sont devenues des parasites de la société. Non seulement elles nuisent à autrui par leurs malversations, leurs déprédations, leurs contaminations, mais elles sont protégées et assistées par l'État, sur fonds publics. C'est avant tout pour elles qu'existent les hospices et les asiles. Elles se nourrissent de la société, mais ne fournissent rien en retour. Ce sont véritablement des parasites.
> Si ces gens-là étaient des animaux inférieurs, sans le moindre doute nous les exterminerions pour empêcher qu'ils ne se multiplient. Le sentiment humain nous l'interdit, cependant il nous reste un remède : séparer les deux sexes dans des hospices ou autres lieux et les empêcher de différentes manières de s'unir au risque de perpétuer une race si basse et dégénérée.

Dans le même ouvrage, deux pages après le fameux schéma que Bryan brandit pour démontrer que Scopes avait enseigné l'idée perfide selon laquelle les humains seraient des mammifères, Hunter écrit un paragraphe isolé intitulé « Les races de l'homme » – cela dans un manuel prescrit aux enfants de toutes origines, dans les lycées publics de l'ensemble des États-Unis :

> À l'époque actuelle, il existe sur la Terre cinq races ou variétés d'êtres humains, très différentes les unes des autres par leurs instincts, leurs coutumes sociales et, dans une certaine mesure, leur structure. Il y a le type éthiopien ou nègre, originaire d'Afrique ; la race malaise ou brune, des îles du Pacifique ; les Indiens d'Amérique ; la race mongolienne ou jaune, qui comprend les Chinois, les Japonais et les Esquimaux ; enfin le type supérieur, celui des Caucasiens, représenté par les Blancs civilisés qui peuplent l'Europe et l'Amérique.

Bryan avait choisi le mauvais camp, mais fort bien identifié un problème réel.

La science est discipline, et toute discipline est exigeante. Les disciplines comportent des règles de comportement et d'autocontrôle. Elles doivent leur force, le respect et l'acceptation qu'elles suscitent au fait qu'elles travaillent honorablement dans les limites qui sont les leurs, en sachant que des incursions dans d'autres domaines ne seraient qu'outrecuidance ou sottise. La science, en tant que discipline, cherche à comprendre la réalité factuelle de la Nature, à expliquer et coordonner par des théories générales les données obtenues. La science nous enseigne beaucoup de choses merveilleuses et troublantes – des faits qui valent d'être considérés à l'heure d'élaborer des normes de conduite, de réfléchir aux grandes questions morales et esthétiques. Mais la science ne peut à elle seule répondre à ces questions, elle ne peut pas davantage commander une politique sociale.

En tant que scientifiques, nous disposons d'un pouvoir, fondé sur le respect qu'inspire cette discipline. C'est pourquoi nous pouvons être vivement tentés d'abuser de ce pouvoir à des fins personnelles ou sociales : pourquoi ne pas se donner des attraits supplémentaires, en couvrant du manteau de la science une préférence éthique ou politique ? Mais c'est justement ce que nous ne devons pas faire, car nous y perdrions ce même respect qui induit en nous cette tentation. Le principe de NOMA joue dans les deux sens.

Il se trouve autour de nous des poètes, des politiciens, des prédicateurs, des philosophes. Tous ont leurs modes particuliers de connaissance, valides dans leur propre domaine. Aucun de ces modes ne peut détenir toutes les réponses dans notre monde merveilleusement complexe. De plus, toute moralité sentencieuse mise à part, si nous continuons à étendre abusivement les frontières de la science, des gens comme Bryan sauront bel et bien nous arrêter, à leurs propres fins insidieuses.

Il convient ici de laisser le dernier mot à Vernon Kellogg, un grand professeur qui avait compris le principe de la limitation des pouvoirs et assisté avec horreur aux plus monstrueux détournements du darwinisme. Dans le manuel qu'il écrivit avec David Starr Jordan, Kellogg notait à juste titre que le darwinisme ne saurait fournir aucune conclusion morale :

> Certains hommes, qui se proclament pessimistes parce qu'ils ne voient pas le bien dans les opérations naturelles, oublient qu'ils n'y voient pas non plus le mal. Du point de vue moral, la loi de la concurrence ne justifie pas plus la brutalité ou l'égoïsme – personnels, administratifs, nationaux – que la loi de la gravitation ne justifie que l'on abatte un oiseau.

À cela, puissent tous les hommes de bonne volonté, tous ceux qui révèrent la science, ou la religion, ou les deux, tous ceux qui reconnaissent le principe de NOMA comme le principe logiquement correct, humainement judicieux et civiquement approprié de vivre dans un monde d'une honorable diversité, dire *amen*.

IV

Raisons psychologiques
du conflit

La Nature peut-elle nourrir nos espoirs ?

Pour les traditionalistes d'ancienne obédience, 1859 ne fut pas une bien bonne année. Le symbole le plus marquant en restera, de façon permanente et incontournable (aussi longtemps du moins que notre culture persistera), la publication de l'ouvrage de Darwin, *De l'origine des espèces*. Mais la conception darwinienne d'un monde moralement neutre, non pas construit pour faire les délices des humains (et qui ne semble guère reconnaître ni notre présence ni ce qui convient le mieux à notre bien-être), se vit étrangement encouragée par la traduction (très libre) que donna Edward Fitzgerald des *Quatrains*[1] d'Omar Khayyam, mathématicien et libre esprit du XIᵉ siècle persan. Chacun des quatrains d'Omar est un trésor de résignation philosophique vis-à-vis d'un monde sans signification intrinsèque et dont nous n'avons pas choisi la forme.

Plutôt que de proposer les trop classiques citations de Darwin, j'ai choisi de présenter quelques lignes d'Omar Khayyam, qui donneront peut-être une meilleure idée encore du pessimisme propre à la grande période victorienne, où les certitudes morales traditionnelles s'effritaient face à deux mastodontes, la mutation technologique et l'expansion coloniale, toutes deux alimentées par le

1. *Rubaiyat*. Il s'agit d'une forme poétique bien précise : le quatrain rime aux premier, deuxième et quatrième vers.

161

progrès de la science. Il faut lire cette pensée sur la confusion cosmique[1] :

> Dans cet Univers, ne connaissant ni le pourquoi
> Ni le comment, je vais comme sur l'onde ballotté,
> Puis hors de lui, ne sachant où,
> Comme par le vent dans le désert je suis emporté

ou celle-ci, sur la misérable condition de la Terre (un hôtel minable pour les caravanes de chameaux) et le caractère erratique de nos existences :

> Pense, en ce caravansérail délabré,
> Dont jour et nuit tour à tour sont les portes,
> Aux sultans qui, malgré toute leur pompe,
> Y rencontrèrent leur destin et s'en furent

ou encore ceci, sur notre incapacité à faire que la Nature se conforme à nos espoirs et à nos rêves :

> Ô Amour ! Que ne puis-je avec toi et le destin
>   conspirer
> Pour saisir le cruel ordre des choses,
> Le faire voler en éclats – et puis
> Le remodeler au gré de mon désir.

Pourquoi ne devrions-nous pas, dans un tel monde, « prendre le fric, et laisser filer le crédit », pour citer un des vers les plus impérissables d'Omar (généralement attribué, à tort, à Adam Smith, J. M. Keynes, Donald Trump

---

1. Les trois quatrains qui suivent sont librement traduits de l'anglais, la version des *Rubaiyat* de Khayyam publiée par Edward Fitzgerald étant elle-même si libre qu'aucun de ces trois poèmes ne peut être identifié dans les versions arabes classiques ; au demeurant, l'étude moderne des textes originaux (persans) ne retient comme authentiques que moins de la moitié des poèmes autrefois attribués à Khayyam – ce qui ne change évidemment rien aux commentaires qu'en donne ici Stephen Jay Gould *(NdE)*.

ou quelque autre importante figure occidentale et plus contemporaine) ?

Ce livre repose sur une idée de base fort simple, qui a commandé ma table des matières et ordonné ma démarche, et qu'il convient de répéter à plusieurs reprises dans la logique de mon raisonnement : le principe de NOMA, qui est simple, humain, rationnel et tout à fait traditionnel, prône le respect mutuel, sans empiètement quant aux matières traitées, entre deux composantes de la sagesse dans une vie de plénitude : notre pulsion à comprendre le caractère factuel de la Nature (c'est le magistère de la science) et notre besoin de trouver du sens à notre existence et une base morale pour notre action (c'est le magistère de la religion).

J'ai esquissé cette argumentation, en m'appuyant sur d'importants représentants des deux bords, dans les deux premières parties. La seconde moitié de mon livre est consacrée à ce paradoxe qu'une solution aussi sensée au non-problème que représente le prétendu conflit entre science et religion – solution prônée par pratiquement tous les penseurs de l'un et l'autre magistère – ait été si mal comprise et souvent repoussée. Les deux raisons majeures, examinées dans les deux dernières parties de ce livre, peuvent elles aussi être décrites et comprises simplement – même si l'histoire effective de la discussion, fondée sur une succession d'imbroglios, a été tout à fait byzantine. J'ai traité dans la troisième partie la première catégorie de raisons, de nature *historique* : ce sont, d'une part, la répugnance de nombreux croyants à se retirer du terrain que la religion occupait jadis légitimement, compte tenu des anciennes conceptions de la Vie et de la Nature, mais qui désormais revient bel et bien à un magistère plus récent, celui de la science ; d'autre part, symétriquement, l'impérialisme de nombreux scientifiques qui effectuent de nombreuses incursions indues dans le magistère de la réflexion morale.

La présente partie est consacrée à la seconde catégorie

de raisons, de nature *psychologique* – questions qui par leur grande simplicité devraient également paraître évidentes, même dans le marécage des luttes historiques : nous vivons sinon dans une vallée de larmes, du moins dans un champ d'incertitudes, et c'est pourquoi nous tendons à nous agripper à n'importe quel réconfort d'ordre général, sans tenir compte des inconsistances logiques ni des démentis empiriques.

J'ai ouvert cette dernière partie sur les doutes d'un poète persan du XIᵉ siècle concernant la bienveillance de la Nature. Une source occidentale, tout aussi classique, nous donne à voir un autre aspect de cette crainte de la Nature : notre angoisse quant à notre propre situation et à notre capacité de trouver un sens à ce qui nous entoure. Lisons ces célèbres vers (d'héroïques distiques et non plus des quatrains) d'Alexander Pope dans son *Essay on Man* (1733-1734) :

> Placé sur cet isthme qu'est l'état médian,
> Être obscur et sage, rude et noble…
> Il reste suspendu, hésitant à agir ou prendre du repos…
> Ne sachant s'il est Dieu ou Bête…
> Créé également pour s'élever et pour tomber,
> Seigneur régnant sur toutes choses, bien que la proie
>   de toutes,
> Unique juge de la Vérité, jeté dans l'Erreur sans fin,
> La gloire, la farce et l'énigme du monde [1] !

Une angoisse si profonde vis-à-vis de la Nature et de l'entendement humain ne peut manquer d'engendrer des « fantasmes de sauvegarde », pour reprendre un cliché des psychothérapies contemporaines. Nous aspirons à habiter une planète clémente, chaleureuse, moelleuse, caressante,

---

1. L'éditeur et le traducteur remercient Françoise Lapraz d'avoir bien voulu traduire ce passage *(NdE)*.

créée pour satisfaire nos besoins matériels, faite pour notre prépondérance et notre délectation. Malheureusement, ce rêve bucolique de réconfort au niveau du sens (relevant donc du magistère de la religion) pose des exigences péremptoires et irréalistes face à la conformation factuelle de la Nature (qui relève du magistère de la science). Car la Nature, qui est telle qu'elle est, et qui existait sous sa forme terrestre depuis quatre milliards et demi d'années avant que nous surgissions pour lui imposer nos interprétations, nous accueille avec une sublime indifférence et ne se soucie nullement de satisfaire nos goûts. Aussi n'avons-nous pas le choix. Il nous faut entreprendre par nous-même le plus rude des voyages : la recherche d'un sens, en un lieu qui est à la fois le plus impénétrable et le plus proche de nous – l'intérieur de notre être si frêle.

C'est pourquoi nous devrions, avec aménité et optimisme, adhérer à la rude stipulation du principe de NOMA : reconnaître le caractère personnel de la quête de morale et de sens, et cesser de chercher des réponses limpides dans la constitution de la Nature. Mais bien des gens ne supportent pas d'abandonner la Nature comme « objet transitionnel » – une chaude couverture d'enfant pour notre bien-être d'adultes. C'est quand enfin survient cet abandon inéluctable que la Nature peut nous apparaître dans sa véritable forme : non pas le miroir déformé de nos besoins, mais notre plus fascinante compagne. C'est seulement alors que nous pouvons tirer des fragments construits par nos magistères distincts la cohérence d'un superbe tissu, qui s'appelle la sagesse.

Cette quête illégitime d'un sens inhérent à la Nature – qui constitue la plus grave violation du principe de NOMA, et aussi la plus ancienne – a pris dans les traditions occidentales deux formes principales. J'appellerai la première la « solution du Psaume 8 » ou encore du « Tu as tout mis sous ses pieds », pour rendre hommage à l'honnêteté et à la pertinence du questionnement : comment, compte tenu de notre médiocrité à l'échelle cosmique, pouvons-nous seulement songer au moindre sens intrinsèque qui nous soit propice ?

Quand je contemple les cieux, ouvrages de tes mains,
La lune et les étoiles que tu as créées :
Qu'est-ce que l'homme, pour que tu te souviennes
        de lui ?

Écoutons aussi la réponse présomptueuse donnée par nos vains rêves :

Tu l'as fait de peu inférieur à Dieu,
Et tu l'as couronné de gloire et de magnificence

suivie d'une fausse conception de la Nature, déjà citée page 107 :

Tu lui as donné la domination sur les œuvres
        de tes mains,
Tu as tout mis sous ses pieds,
Les brebis comme les bœufs,
Et les animaux des champs,
Les oiseaux du ciel et les poissons de la mer.

En d'autres termes, la position « Tu as tout mis sous ses pieds » trouve du sens dans la Nature en vantant notre supériorité sur les autres créatures et soutient la thèse extrême selon laquelle la Nature n'existerait que pour servir nos besoins.

Cette première position correspond au point de vue de l'homme. La seconde, que j'appelle « Tout le Monde, il est beau », considère la chaleur, la souplesse et la rigueur morale comme des propriétés incontestables du fonctionnement de la Nature. Pour nous intégrer à cette grandiose totalité, nous devons reprendre les derniers mots de la parabole du Bon Samaritain : « Va, et toi, fais de même. »

L'une et l'autre de ces solutions du « Tout... » s'effondrent face à l'intransigeance de la Nature. Exprimant nos espoirs de domination et de réconfort, elles supposent que celle-ci soit organisée d'une manière bien déterminée. Mais la Nature récuse cette architecture qu'on entend lui attribuer par quantité de comportements factuels incompatibles que découvre le magistère de la science. Dans le cadre du principe de NOMA, ces faits discordants ne réfutent nullement « la religion », ni même la perspective d'une conception religieuse de la Nature ; ils contredisent seulement certaines interprétations déterminées, avancées par certains croyants et aussi par beaucoup de non-croyants.

Je ne vais pas reprendre *in extenso* les arguments bien connus contre la thèse du « Tu as tout mis sous ses pieds »[1]. *Homo sapiens* est peut-être la plus intelligente de toutes les espèces, cependant nous ne constituons qu'une petite brindille, certes développée mais qui n'appartient qu'à un seul rameau dans la grande arborescence de la Vie. Celle-ci ressemble à un buisson dont la croissance ne connaît pas de direction privilégiée, et notre petite branche n'est que l'une de nombreuses autres, pas même *primus inter pares*. L'espèce *Homo sapiens* s'inscrit parmi quelque deux cents espèces de primates, sur un rameau de près de quatre mille espèces de mammifères, une branche de près de quarante mille espèces de vertébrés, une ramure d'animaux où prédominent plus d'un million d'espèces d'insectes connues. Les autres ramures du buisson de la Vie sont plus anciennes et ont une plus grande espérance d'expansion. En particulier, les bactéries constituent le tronc principal et ont toujours dominé l'histoire de la Vie au niveau de la diversité, de la flexibilité, de la gamme d'ha-

---

1. Cf. mon livre *Full House* (trad. fr. : *L'Éventail du vivant*, Éd. du Seuil, 1997), ou presque n'importe quel livre récent sur les principes de l'évolution et la diversité de la vie.

bitats et de modes d'existence, ainsi que de la pure et simple importance numérique.

L'erreur inverse, celle de la position « Tout le Monde, il est beau », peut être illustrée par un exemple classique en sciences naturelles – un phénomène maquillé par ses partisans, mais que Darwin lui-même avait examiné en toute loyauté, ce qui nous fournit un enchaînement pour la section suivante, consacrée à la défense centrale du principe de NOMA par Darwin, contre l'obstacle psychologique.

Il faut reconnaître que les adeptes les plus honorables de la position « Tout le Monde, il est beau » ont toujours admis qu'ils ne pouvaient pour démontrer leurs thèses se contenter d'invoquer la fourrure des pandas, la beauté des papillons ou la noble sollicitude du père de Bambi. En effet, leurs adversaires ne nient pas que certains êtres vivants ravissent notre sens esthétique ou suscitent notre approbation morale – cela, parce que nous considérons à tort leurs actions apparentes à la lumière du jugement humain, bien loin d'avoir compris la raison d'être de ces comportements au niveau de l'évolution, ce qui est souvent une tout autre chose. Mais, *prima facie*, la Nature semble aussi abonder en comportements que nos traditions morales qualifieraient d'horribles et de cruels. C'est bien sûr de ces nombreux cas manifestement gênants pour eux – non des exemples bien connus qui semblent aller dans leur sens – que les partisans de la position « Tout le Monde, il est beau » doivent rendre raison pour pouvoir soutenir que le sens moral de la Vie se manifeste dans les faits de la Nature. En effet, si l'on entend confier à celle-ci la définition de la moralité, il nous faut admettre soit que ses procédés expriment nos valeurs traditionnelles d'amour, de bonté et de bienfaisance, soit que les généraux allemands dont parle Kellogg avaient au fond raison, que la Règle d'Or et les Dix Commandements sont de pures et simples chimères, qu'il faut accepter dans l'ordre moral nombre de meurtres et de pillages.

Les difficultés que rencontrent les partisans de la position « Tout le Monde, il est beau » sont évidemment considérables. Ainsi Darwin présente-t-il un argument très fort, selon lequel la plupart des exemples présentés en ce sens reflètent, si on les considère de plus près, une réalité tout à fait opposée :

> Le visage de la Nature nous paraît resplendissant d'allégresse, nous y voyons volontiers une surabondance de nourriture ; mais nous ne voyons pas, ou nous oublions, que les insouciants oiseaux qui chantent autour de nous se nourrissent avant tout d'insectes ou de graines et que, de ce fait, ils ne cessent de détruire la Vie ; de même nous oublions à quelle échelle ces joyeux chanteurs, ainsi que leurs œufs et leurs oisillons, sont détruits par des rapaces et des bêtes de proie.

Aussi fallait-il aux tenants de la bonté intrinsèque de la Nature se frayer un chemin sur une pente pleine de dangers. D'un côté, ils devaient réaffirmer l'interprétation traditionnelle des apparences reçues, face au contre-argument de Darwin cité à l'instant ; mais, d'un autre côté, ils devaient s'attaquer à la tâche encore plus difficile de convaincre les gens que, dans les cas où la nature paraît affreuse, elle n'en exprime pas moins une rectitude morale si on la comprend en un sens plus profond.

Pour défendre cette thèse bien peu plausible, les partisans de la position « Tout le Monde, il est beau » prirent comme exemple type celui des ichneumons (qui regroupent plusieurs centaines d'espèces de guêpes). Considéré selon notre système de valeurs, le comportement reproductif de ces insectes pourrait difficilement paraître plus révoltant. La femelle ichneumon cherche un autre insecte – généralement une chenille – pour héberger sa progéniture, puis injecte ses œufs dans le corps de son hôte, ou bien paralyse celui-ci avec son dard et dépose ses œufs

169

dessus. Lorsque les œufs viennent à éclosion, les larves dévorent de l'intérieur leur victime vivante, souvent paralysée – mais la dévorent très soigneusement, en gardant le cœur et d'autres organes vitaux pour la fin, car il ne faudrait pas que cette victime se décompose et que tout soit gâché. (Par une comparaison qui précisément n'est pas justifiée, on pourrait rapprocher ce comportement de l'ancien châtiment consistant à éviscérer et écarteler les traîtres dans le sinistre but de prolonger leur agonie et de les faire souffrir le plus cruellement possible.) Jean Henri Fabre, le plus célèbre auteur de livres d'entomologie du XIXᵉ siècle, décrivait cette situation avec sa vivacité habituelle :

> Il n'est pas rare de voir alors le grillon, mordu au vif, agiter inutilement les antennes et les filets abdominaux, ouvrir et fermer à vide les mandibules, et même remuer quelque patte. Mais l'ennemi est en sûreté et fouille impunément ses entrailles. Quel épouvantable cauchemar pour le grillon paralysé !

Comment défendre « Tout le Monde, il est beau » face à des réalités aussi horribles ? (Horribles, certes, seulement à la lumière du jugement humain, qui est hors de propos, mais « Tout le Monde, il est beau » a précisément pour objectif de projeter cette lumière sur la Nature.) Différentes solutions ont été proposées par des scientifiques qui, rejetant le principe de NOMA, entendent soutenir que les faits de la Nature peuvent donner un fondement à la moralité humaine. En voici trois exemples, qui ne sont pas dus à des comparses mais à des naturalistes de premier plan, contemporains de Darwin.

1. Sans doute les organismes hôtes souffrent-ils et ce système n'est-il pas tout à fait charmant, mais la Nature existe pour servir aux hommes et tout procédé qui leur profite témoigne de ses bonnes intentions. Ainsi Charles

Lyell, dans son imposant manuel intitulé *Principles of Geology* (1830-1833), explique-t-il que le contrôle naturel des populations d'insectes nuisibles – en l'occurrence ceux qui abritent les larves des guêpes – démontre que la Nature est faite pour le bien des hommes, car ces insectes auraient risqué de dévaster notre agriculture « si la Providence n'avait pas mis en œuvre des agents qui les maintiennent dans des limites convenables ».

2. Certains traits du système peuvent paraître contraires aux valeurs morales mais, considéré dans sa totalité, il comporte plus de bons conseils que de mauvais pour ce qui est de la conduite humaine. William Kirby, recteur de Barham et éminent entomologiste britannique, se fait poète pour parler de l'amour dont font preuve ces mères bienfaisantes en assurant l'avenir d'une progéniture qu'elles ne verront jamais :

> Bon nombre d'entre elles sont condamnées à mourir avant que leurs larves ne viennent au monde. Mais leur passion ne s'en éteint pas pour autant [...]. Quand on voit avec quelle sollicitude elles assurent la sécurité et les moyens de subsistance de leurs futurs descendants, on peut difficilement nier qu'elles aiment cette progéniture qu'elles ne verront jamais.

Kirby parle également en bien de ces larves maraudeuses, admirant la patience avec laquelle elles ne dévorent la chenille que de façon sélective, afin que celle-ci reste vivante.

> Cette opération étrange et apparemment cruelle comporte un trait vraiment remarquable. La larve de l'ichneumon, bien qu'elle ronge chaque jour les entrailles de la chenille, souvent pendant des mois, jusqu'à l'avoir dévorée presque toute à l'exception de la peau et des intestins, évite soigneusement pendant tout ce temps d'abîmer les organes

vitaux, comme si elle était consciente que sa propre existence dépend de celle de l'insecte qu'elle consomme ! [...] Quelle impression nous ferait un exemple semblable chez les quadrupèdes ? Si par exemple il s'avérait qu'un animal [...] se nourrissait des entrailles d'un chien en s'abstenant de dévorer les parties essentielles à la vie telles que le cœur, les artères, les poumons, les intestins, ne verrions-nous pas là un magnifique prodige, un exemple quasi miraculeux de patience instinctive ?

Que ne ménageons-nous nos ressources avec autant de soin !

3. Les chenilles paralysées et qui palpitent toujours paraissent certes plongées dans une affreuse agonie, mais c'est là une illusion. Tout d'abord, leurs convulsions sont la conséquence mécanique du mouvement des larves qui fourragent dans leur corps. Par ailleurs, les animaux inférieurs sont des automates et ne ressentent aucune douleur. St. George Mivart, un important opposant à Darwin, soutenait que « beaucoup d'excellentes et sensibles personnes » se sont laissé tromper par l'apparente souffrance de ces animaux. Reprenant l'un des arguments favoris des tenants du racisme de l'époque – selon lesquels chez les peuples « primitifs » on souffrait beaucoup moins que dans les pays avancés et cultivés –, Mivart l'extrapole à des échelons inférieurs de la Vie et affirme que la douleur y est tout à fait limitée :

[La souffrance physique] dépend largement de la disposition mentale de celui qui souffre. Elle n'existe que comme état conscient, et c'est seulement dans les sociétés humaines les plus hautement organisées qu'elle atteint son point culminant. On a assuré à l'auteur que les races humaines inférieures paraissent moins vivement sensibles à la souffrance physique que les êtres humains plus cultivés et raffinés. C'est donc chez l'homme que la souffrance peut réellement atteindre un niveau intense, parce que seul l'homme possède le souvenir intellectuel des moments passés et l'aptitude à anticiper les moments futurs, qui constituent en grande part l'amertume de la souffrance. Le pincement momentané, la douleur immédiate qu'endure l'animal sont certes bien réels, mais ne sauraient être comparés, quant à l'intensité, à la souffrance qui affecte l'homme du fait de sa conscience de soi.

Personne n'a jamais égalé Mark Twain pour ce qui est d'éreinter l'arrogance scientifique, surtout quand elle s'étend à des domaines (telle la morale) où la science n'a rien à faire. Dans une satire intitulée *Little Bessie would Assist Providence*, Twain met en scène une conversation familiale. La fille soutient qu'un Dieu bienveillant n'aurait pu infliger le typhus à son petit ami Billy Norris, ni frapper d'autres injustes calamités des personnes honorables ; sa mère lui répond qu'il doit y avoir une bonne raison à tout cela. La dernière réplique de Bessie, qui vient en conclusion du texte, invoque le cas extrême et pourtant banal des ichneumons :

> M. Hollister dit que les guêpes attrapent les araignées et les fourrent dans leurs nids sous la terre – vivantes, maman ! – et là elles vivent et souffrent pendant des jours et des jours, pendant que les petites guêpes affamées mordent leurs jambes et mangent leurs ventres tout le temps pour les rendre bonnes et religieuses et qu'elles louent Dieu pour son infinie pitié. Mais je pense que M. Hollister est tout à fait adorable et si gentil ! Parce que, quand je lui ai demandé si, lui, il traiterait une araignée comme ça, il m'a dit qu'il préférerait être damné, et alors – oh, petite maman, pourquoi t'évanouis-tu ?

En 1860, après avoir lu *De l'origine des espèces*, Asa Gray écrivit à Charles Darwin pour lui dire (comme nous le verrons page 181) qu'il pouvait accepter la sélection naturelle comme mode d'action de Dieu, mais qu'il éprouvait toujours la nécessité de trouver un dessein moral derrière tous les effets de l'évolution. Darwin répondit, avec son extraordinaire honnêteté, qu'en tant que scientifique il ne pouvait trancher des questions relatives aux fins morales et aux significations ultimes, mais qu'il n'imaginait tout bonnement pas comment les éléments factuels de la Nature pourraient être accordés aux valeurs traditionnelles. De façon intéressante, il citait deux exemples de comportement qui ne peuvent qu'être jugés comme tout à fait dérangeants si on les analyse (à tort, insiste Darwin) par rapport à nos valeurs morales – d'abord une observation que font couramment, non sans perplexité, nombre de maîtres d'animaux domestiques, puis le cas moins connu mais absolument sinistre des ichneumons :

> J'avoue que je ne vois pas aussi clairement que d'autres, ni autant que je le voudrais, les indices d'un dessein général et d'une bienveillance à notre égard. Il me semble qu'il existe trop de misère dans le monde. Je ne puis me convaincre qu'un Dieu bienveillant et tout-puissant aurait intentionnellement créé les ichneumons à la fin qu'ils se nourrissent des corps vivants des chenilles, ou fait que le chat doive jouer avec la souris.

Dans leurs styles bien différents, Darwin et Twain apportèrent chacun la juste réponse et sonnèrent définitivement le glas du « Tout le Monde, il est beau » – et même de tout raisonnement cherchant à tort le fondement de la vérité morale (ou de toute autre notion relevant du magistère de la religion, y compris la nature et les attributs de Dieu) dans la constitution factuelle du monde naturel. Le principe de NOMA exige la séparation entre la factualité de la Nature et la moralité humaine.

Les mœurs des ichneumons sont certes abominables au

regard de nos modèles éthiques, mais il est indéfendable de vouloir rendre compte d'un tel élément factuel en termes humains, dans un monde naturel qui n'est pas fait pour nous, sur lequel nous ne régnons pas et qui, de toute façon, est incapable de fournir aux hommes le moindre enseignement moral. Si des chenilles paralysées sont ainsi dévorées vivantes, c'est le fait d'une stratégie évolutive, favorable aux ichneumons, que la sélection naturelle a programmée dans son répertoire de comportements. Les chenilles ne souffrent pas pour nous faire savoir quelque chose, elles ont tout simplement perdu une bataille dans le jeu de l'évolution. Peut-être élaboreront-elles par la suite un système de défense adéquat, qui scellera le destin des ichneumons ; peut-être aussi – c'est même le plus probable – n'y parviendront-elles pas.

Le « bain froid » de la Nature
et la défense du principe de NOMA
par Darwin

Darwin a été lu comme une sorte de nigaud ou du moins de paresseux, au niveau moral, en raison de ses refus réitérés de tirer de sa réorganisation révolutionnaire des connaissances biologiques des leçons quant au sens de la vie humaine. Une réinterprétation aussi radicale de la Nature ne devrait-elle pas nous apporter quelques lumières sur les plus graves questions de tous les temps : pourquoi sommes-nous ici ? que signifie tout cela ? comment quelqu'un a-t-il pu pénétrer ainsi au cœur de la causalité biologique et de l'histoire de la Vie, puis s'en tirer par une pirouette – un *bupkes*, aurait dit ma grand-mère en yiddish – à propos du sens de la Vie et de l'ordre ultime des choses ? Darwin écrit en effet :

> Je ressens profondément que toute cette question est trop profonde pour l'intellect humain. Autant demander à un chien de spéculer sur l'esprit de Newton.

Darwin était-il donc un lâche ? Un esprit desséché ? Un être mesquin ? Le type même du scientifique capable de décrire un arbre sans voir la forêt, d'analyser des notes sans entendre la symphonie ?

Pour ma part, je porte sur Darwin un tout autre jugement. Tout au long de sa vie, il garda une profonde et très humaine fascination pour les grandes questions de la morale et du sens, toujours il reconnut l'importance transcendante de cette recherche. Mais, connaissant aussi bien les virtualités que les limites de la profession qu'il avait choisie, il avait compris que le pouvoir de la science ne pouvait s'étendre et se consolider que sur la terre fertile de son propre magistère. Bref, Darwin fondait sa vision de la science et de la moralité sur le principe de NOMA.

Darwin n'invoqua jamais l'évolution pour encourager l'athéisme, il ne soutenait pas qu'aucune conception de Dieu ne pourrait cadrer avec la structure de la Nature. Au contraire, il soutenait que la factualité de celle-ci, telle qu'elle apparaît sous le magistère de la science, ne saurait résoudre ni même clarifier les questions de l'existence et de la nature de Dieu, du sens ultime de l'existence, des véritables fondements de la moralité, ni d'aucune autre relevant du magistère de la religion. Nombre de penseurs occidentaux ont invoqué une conception étroite – et indéfendable – de la divinité pour proclamer impossible l'évolution, mais jamais Darwin ne fit preuve de la même arrogance en sens inverse, jamais il n'affirma que le fait de l'évolution impliquait la non-existence de Dieu.

J'irai plus loin. À mon sens, on a souvent – et gravement – mal interprété la position qu'avait foncièrement Darwin sur les véritables relations entre la Nature et le sens de la vie humaine. La position de Darwin, fondée sur le principe de NOMA, est courageuse, énergique et, au bout du compte, libératrice – alors qu'on l'a souvent considérée comme défaitiste, pessimiste et asservissante. Je propose d'appeler le point de vue de Darwin « théorie du bain froid de la Nature ».

Le raisonnement de base comporte trois propositions, enchaînées en une séquence déductive bien déterminée.

1. *L'énoncé de base du principe de NOMA.* Les faits de la Nature sont ce qu'ils sont et, par principe, ne sauraient résoudre les questions concernant Dieu, le sens, la morale.

2. *Une alternative quant à la Nature.* Indifférente à nos espoirs et besoins religieux, la Nature reste libre de revêtir

toutes sortes d'apparences au regard de la morale humaine ou du jugement esthétique, qui ne la concernent pas. Voici deux possibilités extrêmes, on verra les tentations opposées auxquelles elles nous induisent.

Peut-être, par chance, la Nature s'accorde-t-elle généralement à notre goût de la chaleur et de la douceur. Peut-être la plupart des organismes sont-ils beaux à nos yeux. Peut-être la coopération pacifique l'emporte-t-elle le plus souvent sur la compétition violente. Peut-être le saint mont d'Ésaïe, où le loup habite avec l'agneau, où la panthère se couche avec le chevreau, ne répond-il pas seulement à nos rêves idylliques mais, dans l'ensemble, à la factualité naturelle.

À l'inverse, peut-être la Nature ne répond-elle que rarement à notre attente. Peut-être un affreux ténia fait-il contrepoids à chaque paon magnifique ; une larve d'ichneumon, fourrageant dans les entrailles d'une chenille vivante, à chaque dauphin qui ramène à l'air libre un congénère en difficulté ; une réussite adaptative, par perte de complexité, chez un parasite amorphe, à chaque réussite adaptative, par accroissement de l'intelligence, chez un de nos ancêtres.

La logique de NOMA fait que l'éventuelle validité de ces deux images extrêmes n'apporte pas le moindre atome de différence. Nous ne pouvons toujours pas tirer de messages moraux ou de conclusions religieuses de tel ou tel agencement factuel de la Nature, qu'il soit extrêmement chaleureux et doux, ou déplaisant au plus haut point. Mais nous connaissons tous la faiblesse essentielle de la chétive humanité : notre propension à préférer l'espoir et à nous soustraire à la logique, notre tendance à croire à ce que nous désirons plus qu'à ce que nous observons. En raison de cette faiblesse, nous serions fortement tentés de tomber dans une grave erreur si les faits naturels (dans le premier de nos deux cas extrêmes) tendaient, de façon générale mais fortuitement, à s'assortir à nos désirs. Nous serions

alors portés à violer le principe de NOMA et à foncer tête
baissée dans l'erreur consistant à amalgamer ces faits avec
des valeurs et des significations. Ne vaudrait-il pas mieux
pour nous que la Nature, pour des raisons également for-
tuites, contredise la plupart du temps nos espoirs et nos
désirs ?

3. *Mieux vaut un bain froid revigorant qu'une étreinte
chaude et suffocante.* La Nature est amorale – non pas
immorale, mais ordonnée sans référence à cette notion
strictement humaine. On dira, métaphoriquement, que la
Nature existait déjà depuis un temps infini avant que nous
arrivions, ignorait que nous allions venir, et ne se soucie
absolument pas de nous. Aussi serait-il bien étrange que
le premier de nos points de vue extrêmes soit juste et que,
de façon générale, la Nature reflète nos préférences
morales et esthétiques : la probabilité pour que se produise
une telle coïncidence – la conformité accidentelle entre un
système indépendant et une instance entièrement différente, non moins complexe et d'origine bien plus récente –
est pour le moins minuscule.

De fait, la moindre des honnêtetés est de reconnaître
que cette conformité n'existe pas. La Nature ne se
conforme à aucun de ces deux extrêmes de la représentation humaine. Statistiquement, la Nature ne se montre pas
plus volontiers chaleureuse et souple que hideuse et
abjecte. La Nature se contente d'être – dans toute sa complexité et sa diversité, dans sa sublime indifférence à nos
désirs. C'est pourquoi nous ne pouvons compter sur elle
pour notre édification morale, ou toute autre question relevant du magistère de la religion. Nous ne pouvons assurément pas suivre la vieille tradition, d'une grande mol-
lesse intellectuelle, consistant à chercher des certitudes
morales dans les voies d'une Nature supposée chaleureuse
et souple. Nous ne pouvons pas davantage accepter la
malicieuse thèse inverse de T. H. Huxley qui, dans son
essai le plus connu (*Evolution and Ethics*, 1893), soutenait

que, puisque les lois de l'évolution violent toutes les règles de la conduite éthique des hommes, il faut tirer la leçon morale que nous donne la Nature en découvrant ses modes d'action et en nous comportant de façon absolument inverse !

> La pratique de ce qui est éthiquement préférable – ce que nous appelons bonté ou vertu – implique une ligne de conduite en tout point opposée à ce qui pourrait assurer le succès dans la lutte cosmique pour l'existence. Au lieu d'une impitoyable affirmation de soi, elle appelle à l'empire sur soi ; au lieu que l'individu écarte ou écrase tous les concurrents, elle lui demande non seulement de respecter mais d'aider ses congénères. [...] L'éthique rejette la théorie gladiatoriale de l'existence. [...] Les lois et préceptes moraux ont pour fin d'apaiser le processus cosmique.

Darwin soutient au contraire qu'il faut simplement admettre que la Nature ne nous offre absolument aucun enseignement moral. En d'autres termes, nous devons accepter le plus cruel des bains froids : nous immerger dans la Nature et nous rendre compte que, pour les questions morales, ce n'est pas là qu'il fallait chercher. Ce « bain froid » peut tout d'abord nous faire un choc ; mais à mesure que nous serons vivifiés par ce milieu tonique nous devrions parvenir à trouver cette immersion non pas sinistre et déprimante, mais stimulante et libératrice. Si nous cessons alors de rechercher la vérité morale dans la réalité matérielle, nous en viendrons à apprécier ce qui rend la Nature si fascinante, son étonnante capacité à résoudre des questions différentes, mais non moins importantes, à son niveau propre ; et, devenus insensibles au chant de sirène montant de mauvaises sources, nous serons libres de chercher les solutions aux questions de la morale et du sens là où il convient de le faire – en nous-mêmes.

J'ai indiqué dans la première partie (p. 45) que je considérais la lettre de Darwin à Asa Gray comme la meilleure présentation jamais proposée quant au juste rapport entre les faits naturels et la moralité humaine – ou, plus largement, entre la science et la religion. Je reviens maintenant à la logique plus générale du raisonnement de Darwin, en faisant de la théorie même de la Nature comme « bain froid » le principe libérateur de NOMA. Darwin, on s'en souvient, commence par nier que l'évolution ait aucune pertinence vis-à-vis des questions théologiques – si ce n'est en ce qu'elle réfute la vieille illusion selon laquelle la Nature, intrinsèquement bonne, témoignerait en faveur de l'existence et des attributs de Dieu :

> Quant à l'aspect théologique de la question, cela m'est toujours pénible. Je reste perplexe. Je n'avais pas l'intention d'écrire en athée. Mais j'avoue que je ne vois pas aussi clairement que d'autres, ni autant que je le voudrais, les indices d'un dessein général et d'une bienveillance à notre égard.

Comment dès lors interpréter les faits naturels, notamment ceux qui nous horrifient au nom de critères moraux inadéquats (ainsi des ichneumons dévoreurs, ou des chats qui « jouent » avec des souris souffre-douleur) ?

> Je tendrais à considérer que tout découle de lois organisées, mais que les détails bons ou mauvais seraient laissés au compte de ce que nous pouvons appeler le hasard.

Deux points de ce raisonnement subtil méritent une attention particulière. Tout d'abord, Darwin peut admettre que l'on croie à un dessein d'ensemble par préférence personnelle, ou même comme guide pour l'existence et comme réconfort, mais il sait que de telles questions ne peuvent être traitées sous le magistère de la science – comme il le dit fort bien dans la phrase suivante : la question est « trop profonde pour l'intellect humain ». En second lieu, Darwin fait une claire distinction entre ces soucis élevés, inaccessibles à la science, et les événements et fonctionnements particuliers qu'il est possible de décrire et d'expliquer sous le magistère de la science (la factualité de la Nature). Puis – conformément au précepte majeur du principe de NOMA –, il nie que nous puissions déceler, dans ces événements factuels, ni la main de Dieu ni une leçon morale pour la conduite de nos existences. J'apprécie particulièrement la perspicacité et la précision de ces mots : « les détails bons ou mauvais seraient laissés au compte de ce que nous pouvons appeler le hasard ».

Il n'entend pas ce terme de « hasard » au sens vernaculaire qui en fait une entité arbitraire, dépourvue de signification, impossible à expliquer. En énonçant ce conditionnel, « ce que nous pouvons appeler le hasard », il introduit une conception de l'existence pour laquelle il n'avait pas de terme, mais que les historiens désignent aujourd'hui comme « contingence ». Cela signifie que les faits naturels (les « détails ») existent pour des raisons immédiates, bien déterminées et en principe accessibles à l'explication scientifique. Ces faits n'en sont pas pour autant contrôlés par le tissu déterministe d'un Univers concerté, où la chute d'un pétale ou d'une goutte de pluie répondrait chaque fois à une intention qui lui donnerait son sens.

L'Univers, pour autant que nous puissions le savoir, a peut-être un but et un sens (« Je tendrais à considérer que tout découle de lois organisées »), et il n'est pas exclu que ces hautes valeurs aient été établies par un pouvoir rationnel et transcendant que l'on désignerait légitimement comme Dieu, mais l'objet de la science, vis-à-vis duquel elle peut apporter des solutions, relève d'un autre domaine, qui n'entend pas se hisser au niveau de telles généralités philosophiques, probablement inconnaissables. Qui plus est, ces faits plus limités mais connaissables se produisent dans un monde composé de tant de parties complexes que la prédiction relative à la totalité ne peut être déduite avec certitude, ni *a fortiori* des conclusions sur ses significations suprêmes. Nous pouvons nous servir des lois de la Nature, et de notre connaissance de telles ou telles conditions spécifiques, pour expliquer et comprendre des événements particuliers et même (visée supérieure de la science) pour construire des théories générales sur les assemblages factuels dans la Nature. Nous pouvons découvrir « quoi », « comment » et même « pourquoi », en un sens bien défini : expliquer certains faits précis par certaines lois invariantes de la Nature et les propriétés de certains de ses éléments. Mais la science n'a pas accès aux questions sur le « pourquoi » suprême, le dessein suprême ou la valeur éternelle.

Pour montrer qu'il ne s'agit pas ici d'une interprétation extravagante et personnelle de la phrase de Darwin sur les « lois organisées, [dont] les détails bons ou mauvais seraient laissés au compte de ce que nous pouvons appeler le hasard », je vais présenter sa propre explication d'une magnifique série d'exemples, qui vont d'évidents lieux communs à des conclusions plutôt hardies que nous préférerions ne pas accepter – tout cela aux fins de convaincre son collègue Asa Gray, croyant traditionnel.

Darwin avance ici lentement et avec prudence, mais de façon d'autant plus systématique. Si un homme surpris au sommet d'une colline par un orage meurt foudroyé, ce drame a sans nul doute une explication scientifique – fondée sur des lois générales (météorologie, théorie de l'électricité) et des conditions particulières (la position de cet homme à un instant donné) –, mais personne n'irait prétendre ni que ce décès aurait pu être prédit avec précision au moment de la naissance de cet homme (et pas davantage une heure avant les faits), ni surtout qu'un tel malheur a quelque rapport avec la moralité et le sens ultime des choses : ce pauvre homme se trouvait simplement au mauvais endroit au mauvais moment, cependant que la Nature, comme toujours aveugle à la morale, n'a fait que suivre ses lois habituelles. Darwin écrit : « L'éclair tue un homme, qu'il soit bon ou mauvais, à cause de l'action excessivement complexe des lois naturelles. »

Si une telle mort naturelle tragique est dépourvue de signification morale, que dire d'une naissance naturelle tragique ? Darwin montre ainsi que si un enfant est mentalement handicapé, cela renvoie aux lois de la génétique et de l'embryologie appliquées aux circonstances particulières le concernant ; aussi sa situation peut-elle être expliquée scientifiquement. Mais seul un pervers pourrait croire que la simple existence de ce handicap signifie que Dieu avait destiné cet enfant à en souffrir, ou qu'Il tient un registre de la moralité générale pour parsemer à dessein nos existences de tels malheurs singuliers. Darwin écrit : « Un enfant (qui peut devenir un idiot[1]) est venu au monde par l'action de lois encore plus complexes. »

Il en est alors au point crucial de son raisonnement : les naissances et les décès des individus peuvent être expliqués naturellement, mais leurs raisons scientifiques n'impliquent ni qu'ils se produisent de façon nécessaire, dans un monde déterministe, ni qu'ils aient une signification morale liée à la toute-puissance divine. Sur quoi un croyant à l'ancienne mode, préférant la présence morale de Dieu dans les événements factuels à l'insistance du principe de NOMA, pourrait dire : « Très bien, Dieu ne s'occupe pas du destin des individus ; Il confie ce domaine à l'antique doctrine du "libre arbitre". Mais Il veille certainement sur des modes plus généraux d'organisation, à des fins morales. Il peut permettre que la naissance d'un individu échappe à son action, mais Il ne négligera pas de la même façon la naissance de toute une espèce, et tout particulièrement l'origine d'*Homo*

---

1. « Idiot », à l'époque de Darwin, n'était pas un opprobre, mais un terme technique pour définir un niveau bien précis de déficience mentale.

sapiens, la prunelle de Ses yeux, l'incarnation de Son image, le but ultime de tout ce qui était jamais advenu. »

Darwin, qui depuis le début a préparé Gray à ce dénouement, porte maintenant le coup de grâce. Si un bébé pris séparément n'est qu'un individu dans une population d'êtres humains, pourquoi une espèce isolée devrait-elle compter pour plus d'un individu parmi toutes les espèces qui se sont succédé sur Terre au long des périodes géologiques ? Et pourquoi *Homo sapiens* devrait-il être considéré comme un but et une valeur en soi, alors que *Pharkidonotus percarinatus* (je n'invente pas cette désignation, il s'agit d'un de mes serpents fossiles favoris), qui a subsisté beaucoup plus longtemps et en bien plus grand nombre, ne représenterait qu'un accident de l'histoire ? Hormis notre arrogance, dangereuse et injustifiée, qu'est-ce qui pourrait nous permettre de prétendre à ce statut d'espèce privilégiée parmi les centaines de millions d'espèces qu'a accueillies l'histoire de notre planète ? L'existence des hommes doit-elle aussi être tenue pour un détail laissé « au compte de ce que nous pouvons appeler le hasard » ? Or nous sommes déjà convenus, à propos de l'homme foudroyé et de l'enfant handicapé, que de tels détails ne peuvent délivrer de messages moraux ni révéler de significations ultimes. Darwin écrit : « Je ne vois pas pour quelle raison un homme, ou un autre animal, ne pourrait avoir été à l'origine produit selon d'autres lois. »

Il avait envoyé cette lettre à Asa Gray le 22 mai 1860. La réponse de celui-ci amena Darwin à lui adresser en juillet un nouvel argument, encore plus vigoureux, en faveur du rejet de l'idée que les faits naturels, même ceux qui nous plaisent le plus (notamment quant à l'origine de notre propre espèce), puissent révéler les desseins de Dieu ou le sens ultime de la Vie :

> Un mot de plus sur les « lois voulues » et les « faits non voulus ». Je vois un oiseau que j'ai envie de manger, je

185

prends mon fusil et l'abats, j'ai fait cela à dessein. Un brave homme innocent se trouve sous un arbre et un éclair le foudroie. Croyez-vous (j'aimerais vraiment entendre cela) que Dieu a tué cet homme à dessein ? [...] Si vous le croyez, croyez-vous aussi que, lorsqu'une hirondelle happe un moucheron, Dieu a fait en sorte que cette hirondelle-là happe ce moucheron-là à ce moment-là ? Ce que je crois pour ma part, c'est que l'homme et le moucheron sont dans la même situation. Si ni la mort de l'homme ni celle du moucheron n'étaient voulues, je ne vois aucune bonne raison de penser que leur *première* naissance ou création aurait nécessairement dû l'être.

À ceux qui trouvent déprimant ce « bain froid », qui estiment que la qualité de l'existence humaine ne pourrait qu'être détériorée et rabaissée dans un Univers dépourvu de signification intrinsèque (au sens qui est le nôtre), qui craignent que l'impossibilité de découvrir une vérité morale dans les faits de la Nature ne puisse que mener à un relativisme éthique destructeur (voire à un pur et simple rejet de l'existence ou de l'importance de la moralité), je ne puis que signaler instamment la sagesse propre à la vision opposée, défendue par Darwin et qu'exprime le principe de NOMA.

Quoi de plus trompeur, et peut-être de plus dangereux, qu'un faux réconfort qui aveugle notre regard et mène à la passivité ? Si la vérité morale se trouve « quelque part » dans la Nature, nous n'avons plus aucun besoin de lutter contre nos propres confusions, ou contre les conceptions variées qu'ont les autres hommes, dans la diversité de ce monde. Nous pouvons adopter une attitude beaucoup plus passive : observer la Nature (ou simplement accepter ce que les « experts » nous disent de la réalité factuelle) et singer ses modes d'action. Au contraire, si le principe de NOMA est valide et que la Nature reste neutre (tout en regorgeant d'informations utiles pour épicer nos débats moraux), nous ne pouvons éviter la tâche beaucoup plus rude, mais finalement libératrice, de sonder chacun notre propre cœur.

Je ne nie pas le réconfort apporté par les conceptions anciennes, qui n'avaient que faire du principe de NOMA et définissaient l'Univers en fonction de nos espoirs et de nos pouvoirs supposés. « Tu as tout mis sous ses pieds » peut nourrir le corps, « Tout le Monde, il est beau » peut nourrir l'âme. Mais il faut craindre que ce ne soient là des dragées empoisonnées. La sagesse commune à toutes les catégories sociales, dans toutes les sociétés – depuis les fastes d'un pouvoir disparu réduit à des fûts de pierre, dans les *Ozymandias* de Shelley, jusqu'au sort commun des mazettes aux tables de jeu (« plus elles sont grosses, plus leur chute est brutale ») –, proclame la vertu d'une modestie opiniâtre et d'une assignation du pouvoir réel à des domaines d'action appropriés et efficaces.

À ceux que décourage, au niveau cosmique, la conception de la Vie comme détail dans un vaste Univers qui n'est de toute évidence pas conçu en fonction de notre présence, je propose deux contre-arguments et un élément de consolation. Que l'on songe tout d'abord à la fascination bien plus grande et au défi intellectuel que nous offre un tel Univers, mystérieux mais connaissable, par rapport à un cosmos plus « bienveillant » et familier qui ne ferait que refléter nos espoirs et nos besoins. En second lieu, que l'on songe à l'heureuse perspective d'accomplir la maxime socratique « Connais-toi toi-même » en essayant activement de sonder la nature humaine en tant que telle plutôt que de gober passivement une Nature externe bien trop générale, s'agissant de définir les buts de nos vies.

Enfin, à titre de consolation, je vais citer un merveilleux sonnet de Robert Frost, si étroitement accordé aux arguments de Darwin dans ses lettres à Gray (autre *quintessential New Englander*) que je dois rapporter l'inspiration de Frost à sa connaissance intime des écrits de Darwin, dont témoignent plusieurs autres de ses poèmes. Frost, lors d'une promenade matinale, tombe sur un étrange assemblage de trois objets blancs de formes différentes. Cette combinaison insolite mais agréable à l'œil, affirme-t-il, doit exprimer une certaine forme d'intention ; elle ne peut pas être fortuite. Mais si l'intention était réellement manifeste, alors que penser de notre Univers (car c'est une scène cruelle, selon tous les critères de moralité humaine) ? Nous devons ici nous sentir encouragés par la solution correcte proposée par Darwin : ce que nous observons, c'est effectivement un de ces « détails » qui, « bons ou mauvais », appartiennent au domaine « de ce que nous pouvons appeler le hasard ». Aucun dessein ne règne ici.

> J'ai trouvé une grosse araignée, blanche et grasse,
> Sur de la brunelle blanche, et elle tenait,
> Comme si cela avait été un morceau
> De satin blanc tout raide, un papillon de nuit –
> Tout ensemble la victime et son assassin,
> Rapprochés pour mieux inaugurer le matin,
> Comme les ingrédients d'un bouillon de sorcière :
> Une araignée de neige et une fleur d'écume,
> Des ailes mortes, comme un cerf-volant d'enfant.
>
> Pourquoi cette fleur était-elle blanche ?
> Ordinairement la brunelle est bleue et pure.
> Qui a conduit cette araignée sur cette fleur,
> Puis guidé jusque-là ce papillon de nuit ?
> Qui ou quoi, sinon un dessein vraiment sinistre ?
> Si on peut parler en pareil cas de dessein [1].

Homo sapiens, de même, représente une « si petite chose » dans un vaste Univers, un fait d'évolution extrêmement improbable, et nullement le point culminant d'un

---

1. Traduction de Roger Asselineau, in *Robert Frost*, Seghers, coll. « Poètes d'aujourd'hui », 1964 *(NdE)*.

dessein universel. Faites de cette conclusion ce que vous voudrez. Certains trouvent cette perspective déprimante ; pour ma part j'ai toujours considéré cette conception de la Vie comme stimulante – source et de liberté et d'une responsabilité morale conséquente. Nous sommes des rejetons de l'histoire et devons trouver notre propre voie dans le plus divers et le plus intéressant de tous les univers concevables – un Univers indifférent à nos souffrances et qui, de ce fait même, nous laisse la plus grande liberté pour tenir bon ou lâcher pied dans la voie que nous aurons choisie nous-mêmes.

Les deux fausses voies
de l'irénisme

Je suis toujours ouvert aux termes nouveaux – Dieu sait combien nous en inventons dans mon secteur scientifique ! Il y a quelques années, je tombai sur un terme théologique qui piqua mon imagination, à la fois par son charme ésotérique et sa sonorité doucereuse : l'*irénisme* (issu du mot grec qui désigne la paix), défini par opposition à la polémique comme une branche de la théologie chrétienne qui « souligne des éléments d'accord entre les chrétiens, en vue d'aboutir finalement à l'unité du christianisme » *(Oxford English Dictionary)*. Par extension (le mot a débordé les cercles théologiques pour entrer dans le langage courant), les personnes et les propositions iréniques « tendent à promouvoir la paix, notamment par rapport aux divergences théologiques et ecclésiastiques ».

Eh bien, je suis iréniste du fond du cœur – et j'espère que la plupart d'entre nous se considèrent comme tels, quelles que soient les singularités et faiblesses personnelles qui entravent la réalisation de cette aspiration. Ce livre invite à une solution, sous des auspices qui excèdent largement le domaine proprement chrétien des définitions officielles qu'on vient de citer. Je me sens proche de pratiquement tous les hommes de bonne volonté, dans mon désir de voir deux institutions anciennes et révérées, nos deux « rocs des âges » – la science et la religion –, coexister en paix, chacune travaillant à fabriquer une pièce différente pour le grand manteau multicolore qui exaltera les différences entre nos existences, mais couvrira la nudité humaine d'une cape sans coutures : la sagesse.

L'irénisme vaut mieux, sans conteste, que l'aberrante polémique entre science et religion – un modèle tout à fait inadéquat (deuxième partie) dans lequel nous restons trop souvent enfermés pour des raisons illogiques tenant à l'histoire (troisième partie) et à la psychologie (quatrième partie). Je me sens découragé quand certains de mes collègues essaient de faire passer leur athéisme personnel (auquel ils ont parfaitement droit, bien entendu, et qui correspond sur plus d'un point à mes propres inclinations) pour une panacée permettant le progrès humain, l'opposant à une absurde caricature de « la religion », dressée en épouvantail de façon purement rhétorique. Il est tout bonnement impossible de réduire la religion à la lecture littérale de la Genèse, au miracle de la liquéfaction du sang de saint Janvier (miracle qui du moins donne prétexte chaque année au merveilleux festival de San Gennaro, dans les rues de New York), aux codifications bibliques de la Kabbale ou au matraquage médiatique moderne. Si ces collègues veulent combattre la superstition, l'irrationalisme, le philistinisme, l'ignorance, le dogmatisme, bref, une foule d'affronts à l'intelligence humaine (qui deviennent souvent, en outre, de dangereux instruments de meurtre et d'oppression), que Dieu les bénisse, mais qu'ils n'appellent pas ces ennemis « la religion ».

De la même façon, bien sûr, je jette l'anathème sur ces dogmatiques et « vrais croyants » qui, usurpant le renom de la religion au profit de leurs doctrines partisanes, tentent d'étouffer les vérités scientifiques qui les dérangent, ou d'imposer leur propre variété de fibre morale à des gens dont les inclinations sont différentes mais tout à fait légitimes. Comme une carrière ne dure pas si longtemps, et même si je ne nie pas avoir vécu au cours de cette affaire quelques bons moments, souvent drôles et parfois même assez flatteurs, il est clair que je préfère, plutôt que de combattre les créationnistes, étudier l'évolution et la paléontologie dans les Antilles.

Cependant, si nous faisons nôtre le postulat selon lequel l'irénisme devrait régner entre la science et la religion, quelle forme prendrait cette interaction pacifique ? Au moment de clore ce volume en présentant le principe de NOMA comme la plus honorable et aussi la plus féconde forme de l'irénisme, je voudrais revenir sur un important principe de la vie intellectuelle, déjà examiné en termes ambitieux comme le moyen terme aristotélicien entre les extrêmes (cf. p. 57), mais qui sera ici désigné comme le « principe de Boucle d'Or », du « juste comme il faut » entre trop et trop peu, trop mou et trop dur, trop chaud et trop froid. Le principe de NOMA nous assure d'avoir un lit d'une fermeté adéquate et la bonne quantité de bouillie d'avoine, à la bonne température. Il respecte les différences logiques tranchées entre raisonnements scientifiques et religieux. Il ne recherche aucune fausse fusion, mais au contraire presse les deux parties de rester sur leur propre terrain, de mettre en œuvre leurs meilleures solutions quant à des aspects bien déterminés de la totalité de la Vie, et surtout de continuer à dialoguer dans le respect mutuel, en attendant le meilleur de cet enrichissement réciproque. En d'autres termes, pour démarquer l'aphorisme de Churchill, de préférer la tchatche au catch.

Ce « principe de Boucle d'Or » apporte la fermeté adéquate pour d'amples contacts respectant les différences radicales, la quantité de dialogue convenant aux adeptes de ces thématiques hétérogènes, et la bonne température pour l'échange d'informations non miscibles. Le principe de NOMA, c'est un irénisme incisif : le dialogue sera parfois âpre et virulent, les protagonistes s'énerveront comme le veut depuis toujours notre inextinguible nature humaine, mais le respect des différences légitimes et l'accord sur le fait que, pour obtenir des réponses solides, il faut des contributions différenciées de part et d'autre devraient ménager un champ d'intérêt, d'honneur et de rivalité féconde.

Une question importante est celle des ennemis intérieurs et des ennemis extérieurs. Selon la vision reçue de l'opposition ouverte, les boutefeux anti-irénistes, qui violent le principe de NOMA en tentant d'étendre leur influence au magistère d'en face, devraient constituer la plus grande menace. Mais ils présentent aussi le même avantage que tous les « ennemis extérieurs » : on sait où ils se trouvent, on sait comment s'en défendre. En revanche, parmi ceux qui prêchent l'irénisme, deux points de vue influents tendent à saper le principe de NOMA de l'intérieur, en recourant, pour trouver la paix entre science et religion, à des stratégies qui paralysent ce principe. Je considère ces deux irénismes antagonistes comme les deux extrémités d'une demeure commune (à savoir la maison de la paix) que Boucle d'Or a rejetées au profit d'une voie moyenne.

La persistance, et même la croissance, de la première de ces positions – trop chaude, trop molle, excessive – ne cesse de me surprendre, car ses énormes contradictions internes auraient dû entraîner depuis longtemps sa disparition. L'école *syncrétique* continue à soutenir comme postulat central la plus ancienne des erreurs : le désir de voir science et religion fusionner en une grande famille heureuse, ou plutôt se présenter comme une grande cosse de petits pois, où les faits scientifiques viendraient renforcer et valider les préceptes religieux et où l'on verrait la main de Dieu (et Son esprit) dans les œuvres de la Nature [1].

---

1. Le terme « syncrétique » comporte des sens admirables et d'autres plus défavorables. Quand j'ai choisi d'appeler ainsi cet irénisme immodéré, je ne songeais qu'aux définitions négatives ; ainsi, celle du *Webster's Third New International Dictionary* : « Compromis flagrant en matière de religion ou de philosophie ; éclectisme illogique ou entraînant une incohérence ; acquiescement non critique à des croyances ou des principes antagonistes ou divergents. »

Le syncrétisme moderne m'agace beaucoup, mais je puis au moins me sentir consolé par un vilain trait que présente sa version contemporaine – du moins aux yeux d'un scientifique professionnel borné. Les formules classiques du syncrétisme penchaient toujours en faveur de Dieu : la religion traçait les grandes lignes de ce que tout un chacun devait admettre, et la science devait s'y conformer. Selon ces anciennes versions du syncrétisme, l'irénisme exigeait que les principes et les découvertes de la science entraînent des conséquences religieuses connues d'avance pour être vraies – cette conformité représentait même la principale pierre de touche quant au pouvoir et à la validité de la science. Ainsi Thomas Burnet (cf. p. 31-38) ne doutait-il pas que le récit biblique rapportât la véritable histoire de la Terre ; de son point de vue, son travail de scientifique consistait à valider cette histoire déjà connue en termes de causalité, conformément à des lois naturelles invariantes, sans avoir recours aux miracles.

Mais les avancées et le succès spectaculaires de la science ont renversé cette perspective dans les versions modernes du syncrétisme. Désormais, ce sont les conclusions scientifiques qui doivent être acceptées *a priori*, et les interprétations religieuses revues et ajustées pour correspondre aux résultats irrécusables du magistère de la connaissance de la Nature ! Ainsi le big bang a-t-il bien eu lieu, et il faut trouver la trace de Dieu dans cette tumultueuse origine.

On voudra bien m'excuser : je sais que je ne devrais pas me montrer aussi dédaigneux, surtout (c'est un comble !) en faisant l'éloge de l'irénisme. Mais je trouve les arguments du syncrétisme si boiteux, si illogiques, si accrochés à un pur espoir, si chargés de principes et de certitudes du passé, que j'ai du mal à garder le visage impassible et la plume sereine.

Je suis d'autant plus sensible à cette question que, pendant que j'écrivais ce livre, à l'été 1998, on vit un matraquage médiatique soutenir la position syncrétiste, comme si un argument incroyablement nouveau et convaincant avait été formulé, comme si l'on avait fait une découverte passionnante et qui allait tout changer. En réalité, il ne s'était produit absolument aucune nouveauté intellectuelle, et si l'on voyait les mêmes mauvais arguments que d'habitude refaire surface, avec tant de tapage publicitaire, c'est parce que la Fondation J. M. Templeton, créée par un homme fabuleusement riche dans le but de promouvoir le programme syncrétiste sous les dehors d'une discussion plus générale et plus libre sur la science et la religion, avait su s'assurer le vibrant empressement des médias en dépensant 1,4 million de dollars pour la tenue d'une conférence à Berkeley sur le thème « La science et la quête spirituelle ».

Par un authentique exemple de création *ex nihilo* – en l'occurrence, l'invention d'un sujet grâce à des comptes rendus médiatiques, non par la force de raisonnements ou de données –, au moins trois grands supports ont prêché l'évangile syncrétique dans leurs grands titres et dans des articles insipides, dépourvus de tout esprit critique : « Faith, Reason, Together Again » (*The Wall Street Journal*, 12 juin), « Science and Religion : Bridging the Great Divide » (*The New York Times*, 30 juin), et ni plus ni moins que « Science Finds God », grand document de *Newsweek* (20 juillet)[1]. Les scientifiques ne pouvaient qu'être ébahis par cette dernière affirmation – du moins connaissons-nous maintenant un des attributs divins : Dieu fait vendre journaux et revues.

L'article du *New York Times* reconnaissait l'atonie intellectuelle de la rencontre : « La réunion était baignée par une sorte de bienséance d'école du dimanche, sans aucune des confrontations passionnées qu'on aurait attendues sur

---

1. « La foi et la raison à nouveau réunies » ; « Science et religion : un pont sur le grand fossé » ; « La science rencontre Dieu » *(NdT)*.

un sujet aussi chargé d'émotion. [...] Le public applaudissait poliment après chaque exposé. Mais on ne sentait guère d'enthousiasme intellectuel. » Mais, de toute façon, d'où aurait pu surgir un tel enthousiasme ? Dès lors que le principe de NOMA est valide (ce que ce livre vise à établir), les faits et explications déployés sous le magistère de la science ne peuvent ni confirmer ni infirmer les préceptes de la religion. En fait, si l'on examine les prétendus arguments en faveur du syncrétisme, tels qu'ils ressortent des comptes rendus de cette rencontre, ils se résument à une série de propositions floues, baignant dans la métaphore et l'illogisme. Les trois exemples qui suivent n'ont pas été choisis pour leur étonnante stupidité, mais parce qu'ils sont bien représentatifs de l'ensemble des interventions.

1. *Métaphores brumeuses présentées comme des apports décisifs. Newsweek* rapporte cet amalgame entre Jésus-Christ et les quanta :

> Considérons cette obscure conception chrétienne d'un Jésus à la fois pleinement divin et pleinement humain. Il se trouve que cette dualité a un équivalent dans la physique quantique. Dans les premières années de ce siècle, les physiciens découvrirent que des entités que l'on considérait comme des particules, par exemple les électrons, pouvaient aussi se comporter comme des ondes. [...] L'interprétation orthodoxe de cette étrange situation est que la lumière est simultanément onde et particule. [...] Ainsi en est-il également de Jésus – suggère le physicien F. Russell Stannard, de l'England's Open University. Jésus ne doit être considéré ni comme étant Dieu sous une apparence humaine, ni comme un homme qui aurait agi sur un mode divin, explique Stannard : « Il était pleinement l'un et l'autre. »

Que tirer d'une telle assertion ? Doit-on en conclure que le double statut de Jésus comme Dieu et comme être humain (concept trinitarien essentiel) est factuellement fondé parce que les électrons, et d'autres éléments fondamentaux, peuvent être analysés en termes soit d'ondes, soit de particules ? Je ne vois pas ce qu'apporte une telle comparaison, si ce n'est l'assurance que l'esprit humain peut admettre des contradictions (point intéressant, certes, mais qui ne dit rien de la nature factuelle de Dieu), et surtout que les gens sont capables de fabriquer les métaphores les plus extravagantes.

2. *Crispation sur des ressemblances superficielles. The Wall Street Journal* présente les deux remarquables exemples suivants, en faveur de l'idée syncrétiste selon laquelle la science pourrait valider des desseins spirituels. Nous apprenons tout d'abord que Darwin lui-même était un syncrétiste masqué :

> Curieusement, Darwin fut l'un des premiers à relier science et religion. Les participants ont montré qu'il avait jeté à bas la conception de Dieu comme horloger caché et rétabli la divinité toujours présente dont nous parlent les Psaumes. Selon les termes d'Arthur Peacocke, Darwin a permis de « redonner force à des conceptions anciennes », en montrant que « Dieu crée à chaque instant ».

Ici encore, que conclure d'affirmations aussi fumeuses ? L'existence effective d'un Dieu créateur à l'ancienne mode a-t-elle été démontrée, du fait que Darwin a décrit en termes de développement la généalogie de la Vie ? Je pensais au contraire que, pour beaucoup de chrétiens, Dieu n'avait exercé Son activité créatrice qu'aux premiers jours de l'histoire de la Vie. Le Dieu de M. Peacocke ne serait-Il pas en train de Se redéfinir dans le langage chic de la science moderne ?

On apprend ensuite que le récit de la Genèse est confirmé par les derniers développements de la cosmologie :

> Le big bang, dont on estime qu'il est survenu voici 15 milliards d'années, s'accorde assez bien à la Genèse.

Je serais bien aise de savoir ce que signifie « assez bien ».

Il se trouve aussi des gens pour répéter que la Genèse s'est produite voici moins de dix mille ans. Qui plus est, on ne saurait faire passer le big bang pour une description de la naissance de l'Univers, divine Création *ex nihilo*. Le big bang ne correspond pas au commencement absolu de toute sorte de matière – question étrangère au magistère de la science. Le big bang est une hypothèse sur l'origine de l'Univers *que nous connaissons*. Cette théorie scientifique ne peut, par son principe même, spécifier ce qui s'est ou ne s'est pas passé auparavant (à supposer que cette question ait un sens) – car toute histoire antérieure se verrait effacée dès lors que la substance de l'Univers se concentrerait en un tel point d'origine effectif.

3. *Illogisme sommaire et bien démodé.* Cette pièce de résistance du syncrétisme moderne, du moins dans presque tous les comptes rendus que j'ai pu lire, a pour centre le prétendu principe anthropique – notion qui compte autant de définitions que de partisans et qui, selon moi, est soit parfaitement triviale dans ses « versions faibles » (le terme est de leurs partisans, je ne l'emploie pas de façon polémique), soit complètement illogique dans ses « versions fortes ». *The Wall Street Journal* présente le principe anthropique comme « le plus fort indice » de la présence de Dieu dans les découvertes de la science :

> Ce que cela signifie, c'est que la Vie complexe, à base de carbone – c'est-à-dire la nôtre –, ne peut exister que dans un univers où les constantes physiques ont été réglées précisément comme elles le sont. Ainsi du rapport entre pesanteur et électromagnétisme. Si la pesanteur était un tout petit peu plus forte, nous serions mis en pièces ; si l'électroma-

gnétisme était un tout petit peu plus fort, nous nous effondrerions sur nous-mêmes comme des soufflés ratés.

Certes. Et alors ? La version faible affirme seulement que la Vie s'accorde aux lois de la Nature et ne pourrait exister si ces lois étaient différentes, si peu que ce soit. C'est intéressant, mais je ne vois là aucune signification religieuse – pas plus, à la vérité, que la plupart des syncrétistes (c'est pourquoi ils parlent de « version faible »).

La « version forte » constitue mon exemple favori de total illogisme. Selon elle, puisque la vie humaine ne pourrait exister si les lois de la Nature étaient un tant soit peu différentes, ces lois seraient ce qu'elles sont parce qu'un Dieu créateur souhaitait notre présence. Ce raisonnement n'est qu'une pure absurdité, fondée sur le postulat – non explicité, et qui en vérité ruine le « principe anthropique fort », exemple typique de raisonnement circulaire – que l'homme est apparu pour de bonnes et nécessaires raisons (et que par conséquent tout ce qui nous a permis d'apparaître existe pour que s'accomplisse notre destin). Sans ce postulat (que je considère comme stupide, arrogant et dépourvu du moindre début de preuve), le principe anthropique fort vient s'échouer sur l'égale plausibilité de l'interprétation inverse : « Si les lois de la Nature étaient un tant soit peu différentes, nous ne serions pas ici. D'accord. Il y aurait alors une autre configuration de la matière et de l'énergie, et la structure de l'Univers n'en serait pas moins intéressante, toutes ses parties obéissant aux lois qui régiraient cette Nature différente. Certes, nous ne serions pas là pour tenir des raisonnements ineptes sur cet Univers alternatif. Non, nous ne serions pas là. Et alors ? » (Au fait : je suis heureux que nous soyons là – mais je ne vois pas en quoi mon contentement pourrait servir d'argument en faveur de l'existence de Dieu.)

Le lecteur aura peut-être ri au vu des anciens et absurdes arguments que j'ai cités concernant la bienveillance divine vis-à-vis des ichneumons qui se nourrissent de chenilles vivantes et paralysées (cf. p. 170). Il se sera peut-être demandé pourquoi j'ai consacré tant de place à une violation du principe de NOMA aussi grotesque, relevant d'un passé déplorable et devenu caduc. Mais les générations futures jugeront-elles plus judicieux les actuels arguments syncrétistes opposés au principe de NOMA, qui entendent déduire l'existence de Dieu des faits de la Nature ?

Quant au second type d'objection iréniste au principe de NOMA – trop froid, trop dur, trop parcimonieux –, il n'appelle qu'un ou deux paragraphes de commentaire, car il ne repose sur aucun argument intellectuel, seulement sur une bien déplorable routine sociale. Les syncrétistes sont peut-être stupides, du moins tentent-ils de se faire entendre. Cette autre sorte d'irénisme, sur le thème « Restons-en là, s'il vous plaît, nous sommes politiquement corrects », obéit à une tactique de total évitement, consistant à ne jamais s'adresser à l'autre, ou à s'exprimer par des euphémismes si voilés et si inconsistants que jamais n'en surgit un contenu ou une définition. On peut certes éviter la question des conflits raciaux en s'engageant à ne jamais parler de race, mais, en ce cas, qu'est-ce qui peut changer, qu'est-ce qui pourra jamais être résolu ?

Il est certain que l'on pourrait amener science et religion à une certaine forme de coexistence « politiquement correcte » si tous les scientifiques promettaient de ne jamais rien dire de la religion et si tous les ecclésiastiques juraient que le fâcheux terme de « science » ne franchira jamais leurs lèvres. La culture nord-américaine contemporaine a de fait adopté cet affreux arrangement sur de nombreuses questions qui devraient au contraire donner lieu à de sains débats, et qui ne trouveront certainement jamais de juste conclusion si nous n'en parlons pas. La réflexion intellectuelle ne peut que juger, face à ce refoulement volontaire, que des questions difficiles, mais résolubles, continueront à nous tourmenter et à nous hanter, et voir dans cette attitude un péché – je ne sais comment dire autrement – contre l'esprit et le cœur humains. Si nous avons si peu confiance en nos capacités mentales hors pair, et en notre essentielle bonne volonté, pourquoi donc quelqu'un, quelque part, se soucierait-il de l'homme (et de la femme)?

Le principe de NOMA veille à la séparation des statuts de la science et de la religion, les considère comme des institutions distinctes qui offrent l'une et l'autre des contributions vitales à la compréhension humaine. Mais il rejette ces deux voies irénistes qui flanquent de part et d'autre sa propre recherche d'un dialogue fructueux, courageux et insistant – tant la fausse et illogique unité du syncrétisme que la proposition perverse, « politiquement correcte », selon laquelle la meilleure façon d'assurer la paix serait la discutable sagesse des « trois singes » asiatiques : se couvrir les yeux, les oreilles et la bouche.

Le non-empiètement des magistères de la science et de la religion doit les faire se saluer mutuellement avec respect et intérêt sur le champ, proprement humain, de la parole. Pour terminer sur un thème essentiel à chacun des deux magistères, rappelons que les scientifiques affirment généralement que le langage représente le trait le plus spécial et le plus évolutif de la spécificité humaine – et que seul un sot renoncerait à sa meilleure arme. Pour ce qui est de la religion, j'ai commencé cet essai par l'histoire de Thomas l'Incrédule, tirée de la fin de l'Évangile selon saint Jean. Qu'on me permette maintenant de m'inspirer d'une page du *Finnegans Wake* de James Joyce, et d'en appeler à la récursivité pour terminer mon livre sur le début du même texte. Je suis évidemment conscient que la phrase avait un autre sens dans son contexte d'origine, mais Jean reconnaissait lui aussi la même précieuse et unique valeur – clé pour la solution de nos conflits, et force positive par-derrière le principe de NOMA – en commençant son Évangile par ce véritable viatique de salut : « Au commencement était la Parole. »

Table